「金融工学」は何をしてきたのか

今野浩

日経プレミアシリーズ

目次

第一章

〝金融工学バッシング〟のなかで

金融工学の旗手

二〇〇八年四月、私はわが国における金融工学のパイオニアの一人として、全国紙の一面に顔写真入りで取り上げられた。この記事に登場したのは、私のほかには伊藤清・京都大学名誉教授、刈屋武昭・明治大学教授、楠岡成雄・東京大学教授の三人である。

伊藤教授は「確率積分」という数学理論を築いた人で、ひと頃は〝ウォール街で最も有名な日本人〟と呼ばれた大数学者である。この人が第二次大戦中に組み立てた「伊藤の理論」が、デリバティブ（金融派生証券）の価格付けに決定的な役割を果たしたことを知ったとき、私は「美しい数学理論は必ずいつか役に立つ」という古くからの言い伝えを思い出した。

伊藤教授はこの業績で、二〇〇六年に国際数学者会議が新設した「ガウス賞」の第一回受賞者に選ばれている。数学における最大の賞は「フィールズ賞」であるが、この賞が純粋数学における業績を表彰するものであるのに対して、ガウス賞は社会や人間の〝役に立つ数学（応用数学）〟を対象とするものである。

カール・フリードリッヒ・ガウスは、整数論、非ユークリッド幾何学、天文学、電磁気学などに不朽の業績を残した、人類史上最高の数学者である。読者も、中学時代に習った「ガウスの消去法」(連立一次方程式の解法)なら覚えているだろう。このように大きな賞の第一号受賞者が日本人であったことは、誠に喜ばしい。

一般に賞というものは、新設されたときの注目度は低いものである。しかし「国際数学者会議」という権威ある団体が、「ガウス」の名を冠せた賞を新設するというのだから、応用数学の研究者は特別な関心を持っていた。私の予想では、第一回受賞者は、線形計画法の創始者であるジョージ・ダンツィク教授で決まりだった。ダンツィク教授は、ガウスの消去法を拡張した「単体法」を発明することによって、「数理計画法」と呼ばれる応用数学の一大分野を拓いた人である（数理計画法は、確率積分と並んで、金融工学を支える大きな柱の一つである）。ところが不運なことに、ダンツィク教授は二〇〇五年に九一歳で急逝されてしまった。この結果、第一回受賞者の栄誉は、一つ年下の伊藤教授にまわってきたというわけである。

伊藤教授は、一九九八年に京都賞、二〇〇六年にガウス賞を受賞したあと、〇八年一一月には文化勲章に輝いている。しかし長く病床にあった九三歳の大数学者は、ガウス賞の授賞式にも文化勲章の授賞式にも列席することなく逝かれた。「お元気なうちに受賞されていたら」と思った人は多いだろう。そしてその代表が、伊藤教授の薫陶を受けた楠岡教授である。

日本数学界のエースの一人である楠岡教授は、先輩や同僚の心配をよそに、一九九〇年代はじめに数理ファイナンスの世界に飛び込み、数々の優れた研究成果を発表するとともに、楠岡スクールと称される多くの俊秀を育てている。

三人目の刈屋教授は統計学の権威で、一九八〇年代半ばに金融工学の旗を掲げ、わが国におけるこの分野の立ち上げに最も大きく貢献した人である。この人は、「日本金融・証券計量・工学学会（ＪＡＦＥＥ）」を創設し、二期四年にわたって会長を務めたあとも、「日本不動産金融工学学会」と「日本保険・年金リスク学会」の設立に尽力した。この人がいなければ、日本の金融工学は未だ一〇年前のレベルに止まっていたかもしれない。

このような人たちと並んで新聞に載った私は、多くの知人から電話やメールを受け取って、その反響の大きささに驚かされた。一九八〇年代末の第一次金融工学ブームと、九〇年代末以来の第二次金融工学ブームの際にも、私の名前は何回か新聞に出たが、そのときには誰からも電話はかかって来なかった。取り上げられたのが、全国紙といえども第五面とか第七面だったからだろう。

マスコミのご都合主義

この記事が出た半年後の二〇〇八年一〇月、全国紙経済部の記者から電話がかかって来た。

「××新聞の〇〇です。このところサブプライムローン問題で、欧米の金融機関が大変なことになっていますが、金融工学の第一人者である先生のご意見をお聞かせ願えないでしょうか？」。

――いつかは来るだろうと思っていたが、とうとう来たか！

「私はかつて（金融工学の世界で）横綱を張ったこともありますが、今では相撲部屋の親方みたいな存在です。それに金融工学について言うべきことは、三年前に出した『金融工学20年』（東洋経済新報社、二〇〇五年）の中で書きつくしましたので、それを見て頂けませんか」

「あの本は読ませていただきました。しかしあの頃と今とでは、随分状況が変わりましたので、三〇分だけで結構ですからお願いできませんか」

三〇分と言われると断りにくいが、それで片がつくとは思えない。

「何についてお知りになりたいのでしょうか？」

「金融工学のリーダーとして、サブプライムローン問題をどうご覧になっているかとか、CDS（クレジット・デフォルト・スワップ）の仕組みなどについて」

「一〇年ほど前に、住宅ローン担保証券についてかなり詳しく勉強しましたが、あれは価格評価が難しい商品です。それから、CDSについてはあまりよく知りませんので、そのあたりはXさんにお聞きになられたらどうでしょう」

「お願いしましたが、多忙だという理由で断られました」

「そうですか。確かにあの人は超多忙ですからね。それではYさんはどうでしょう」

「海外出張を控えているという理由でダメでした」

「それで（暇そうな）私にまわってきたんですね。仕方がありません。それでは、来週の水曜か木曜の朝八時以降のなるべく早い時間ではいかがでしょう」

現役横綱が軒並み断ったので、親方にまわってきたのだ。嬉しくないインタビューだが、半年前に日本を代表する金融工学研究者として一面に顔が出た以上、逃げ隠れはできない。

ここで、新聞記者のインタビューとはいかなるものかについて、少々説明を加えよう。この種のインタビューは、電話で即答を求められることが多い。言ったはずのないことが記事になって、びっくりすることもあるので、自分の言葉が紙面に出るときには、その内容をチェックさせてもらったほうが安全である。

たとえば、一九九〇年にハリー・マーコビッツ教授がノーベル経済学賞を受賞したときのインタビューは、以下のようなものだった。夜一〇時のニュースで受賞が報じられてから二時間ほどたって、知り合いの新聞記者から電話がかかって来た。

「マーコビッツさんがノーベル賞を受賞されたことはご存知ですか？」

「さっきテレビで知りました。驚きましたよ。ご本人も驚いているのではないでしょうか」

「マーコビッツさんの受賞に、経済学者がクレームをつけているということですが、先生はどうお考えですか?」

「経済学者は、実務的な研究はあまり評価しないのです。シカゴ大学に提出したマーコビッツの博士論文に、ミルトン・フリードマンがケチをつけて以来、あれは経済学ではないという批判は根強いのです」

「先生はどうお考えですか?」

「きわめて順当な受賞だと思います。しかし経済学者は、あらゆる問題に関わっているのに、ことノーベル賞となると、その対象を狭めてしまうようです。一九七五年には、経済学上重要な功績があったにもかかわらず、経済学者ではなかったためか、賞から外された人もいます。私はマーコビッツさんの受賞で、ノーベル経済学賞も少しまともになったのではないかと思っています。何しろ、ファイナンスの教科書で最初に出てくるのは、マーコビッツの『平均・分散モデル』と決まっているくらいですからね」

残念ながら、東京工業大学工学部教授への真夜中インタビューは記事にならなかった。記事になったのは、東京大学経済学部教授の「あれは経済学ではないはずだ」というコメントだった。

ついでにもう一つ。一九九八年に大手ヘッジファンドLTCM(Long Term Capital

Managememt）社が破綻したときのインタビューである。

「ＬＴＣＭには、二人のノーベル賞学者が関係していたということですが、ご存知ですか？」

「ロバート・マートンとマイロン・ショールズですね。個人的な付き合いはありませんが、よく知っています。マートンは、ファイナンスの世界では神様のような人です。経済学者には頭がよくて弁の立つ人が多いのですが、マートンは別格です」

「もう一人のショールズはどういう人ですか？」

「これまたとても頭のいい人です。スタンフォード大学で同僚だったウィリアム・シャープ同様、〝おカネ儲けしないファイナンス研究者は歌を唄わないカナリヤだ〟と考えている人の代表です。先週ベルギーで開かれた、数理ファイナンスの国際会議に集まった研究者は、二人のチャンピオンが失敗したことに、大ショックを受けていたということです。彼らの中には、いずれ自分も会社を作って儲けようと考えている人が多いですからね」

「そんなに頭のいい人が、なぜ失敗したのでしょうか？」

「物理の世界と違って、金融の世界はいつも理論通りに行くとは限らないのです。理論の前提条件が崩れれば、何が起こるかわからないのですが、経済学者の間では、そのあたりは問題にしないことにしましょう、という取り決めになっているのです。実務家が何かおかしいのではないかと言ったとしても、マートンがそれは無視しても構わないと言えば、無視していいことになるのです」

「そんなに偉いのですか」

「そうです。今では、先生にあたる（ポール・）サミュエルソン教授でも、この人には反論できないでしょう」

「そんな人がなぜ失敗したのですか」

「ＬＴＣＭの失敗の原因は『裁定取引』です。理論的には無リスクで儲かるはずだったのですが、その前提条件が崩れたために、大きな損失が出たのです」

「そのあたりのことを、もう少しわかりやすく教えて頂けませんか？」

「もう少しわかりやすく、ですか？」

面倒なことになったが、やらざるをえない。かくして私はその日の午後、一時間以上にわたって、裁定取引のレクチャーをする羽目になったのである。

二〇〇八年一〇月のインタビューに話を戻そう。恐らく相手は、あまりきついことは言わないだろう。何しろ彼等は、一九八〇年代末の第一次金融工学ブームの頃から、「金融工学の時代」がやって来たとキャンペーンし、ここ数年は「金融立国論」に与してきたのだから。しかし万一を考えれば、インタビューまでに理論武装しておいたほうがよさそうだ。

たまたまこのとき私は、中央大学経営システム工学科の四年生六〇人を相手に、「理財工学」というタイトルで、金融技術に関する科目を講義していた（なぜ金融工学ではなく理財工学なのかについては、後で説明する）。そこで週末に想定問答集を作り、講義の時間を使ってインタビューのリハーサルをすることを思いついた。

大学当局はここ数年、シラバス（講義計画書）通りに講義を行うことを要求するようになったので、当初の予定を変更すると、悪い評点を付けられる恐れがある。しかしすでに卒業単位を充足しているにもかかわらず、特別に関心があって私の講義を聞きに来てくれる諸君相手の講義のことだから、一回くらいは脱線しても許されるだろう。

金融工学バッシング

そこで私は、切り抜いておいた新聞記事や、インターネットのウィキペディアなどを調べることにした。一〇年前にＬＴＣＭが破綻したときには、事実関係を調べるのに手間がかかったが、いまやほとんどのデータがいながらにして集まるようになった。ちなみに野口悠紀雄氏は、『「超」超整理法』（講談社、二〇〇八年）の中で、いま必要な素養は「読み、書き、ソロバン」

ではなく、「読み、書き、検索」だと言っているが、私は「読み、書き、ソロバン、そして検索」が正解だと思っている。

野口氏はこのほかにも、一〇年前に主張していた「落下傘勉強法」をグレードアップして、検索による「ヘリコプター勉強法」を推奨している。基礎から勉強せずに、ヘリコプターで頂上まで行って、そこから下を見下ろせばいいというのである。しかしこれは「賢い人の、賢い人のための、賢い人による悪魔の理論」だから、賢くない人は用心したほうがいい。

閑話休題。検索ヘリコプターを起動させようとした私のもとに、東工大の中野張准教授からメールが飛び込んできた。「カーネギー・メロン大学のスティーブン・シュレーブ教授が、フォーブス誌のホームページに載せたエッセイが手に入りましたので転送します」という内容だった。

シュレーブ教授といえば、コロンビア大学のカラツザス教授と共著で出版した、『Brownian Motion and Stochastic Calculus』（邦訳『ブラウン運動と確率解析』、シュプリンガー、二〇〇一年）の著者で、世界ではじめて理工系グループによる「計量ファイナンス」プログラムを立ち上げた、数理ファイナンスの世界的権威である。

その人が、「サブプライムローン問題をきっかけに、金融技術とエンジニアに対する批判が高まっているが、エンジニアに罪はない。悪いのは（エンジニアの言うことに耳を貸さないで）無謀な経営を行った人たちである」という趣旨のエッセイを書いているのである。証券化をはじめとする金融技術に対して風当たりが強くなっていることは知っていたが、シュレーブ教授のような大家がこのような文章を書くのは、ただごとではない証拠だ。

そのうえ、中野氏が仲間たちにこの記事を転送してきたということは、日本でも金融工学に対する逆風が吹き始めたということだ。そこで私は、金融機関の研究所に勤めているA君にメールを打った。

「A君。シュレーブ教授のエッセイが送られてきましたので、転送します。君のところにも、何か言ってくる人はいるのでしょうか。仲間の皆さんは、どうしていますか？」

三〇分後に戻ってきたメールにはこうあった。

「僕も母親にいろいろ言われて参っています。仲間たちも元気がない様子です。何しろこのところ、ワイドショーまでが『金融工学悪者説』を吹聴していますので」

事態は容易ならざる方向に進んでいるようだ。

想定問答レクチャーで、インタビューのリハーサルは済ませたが、果たしてどんなことを聞かれるのか。まだ二〇代と思われる記者は口を開いた。

「先生が書かれた『金融工学の挑戦』(中公新書、二〇〇〇年)を読ませていただきました。あそこには、デリバティブは原子力技術のようなもので、発電や放射線治療に使えるが、その一方で核兵器にもなる。だから用心して使わなくてはいけない。そうお書きになっていましたよね」

「その通りです。デリバティブは、もともと株式などの資産を持っている人が、株価の下落で損失を蒙るリスクを回避するための商品ですが、あそこにも書いたように投機にも使える。実際、デリバティブ投機で年に二〇〇〇%儲けたという人もいれば、逆に五〇〇〇億円の損失を出して倒産したベアリングス社事件なども起こっている。今回のようなことは起こる可能性があったのですから、当局がもっと規制を強めておかなくてはならなかったのに、ヘッジファンドや投資銀行を野放しにしたので、こんなことになったのです」

「でも先生のように、『デリバティブは両刃の剣だ』と言いきった専門家はあまりいませんね」

「そんなことはありません。あの本が出たころは、『金融工学の悪魔』(吉本佳生、日本評論社、一九九九年)というタイトルの本が出たくらいですから、デリバティブ悪者論のほうが強かったのです。その後そういう声があまり聞かれなくなったのは、ゴールドマン・サックスやリーマン・ブラザーズが金融技術を使って大儲けしているのを見て、日本もそれに乗るべきだという『金融立国論』が力を得たからでしょう。何でもゴールドマンでは、二〇〇七年の一人あたりボーナスが八七〇〇万円だと言いますから、それに目が眩んだということもあるでしょう」

想定問答集まで用意したインタビューは拍子抜けだった。かねて金融工学を支援し、金融立国論に乗ってきた新聞社としては、ストレートな金融工学批判はしにくかったのだろう。かなりの時間を使ったにもかかわらず、このインタビューも記事にならなかった。

それからしばらくして、私の顔写真が載った新聞に、アメリカ経済学界の大御所であるポール・サミュエルソン・MIT（マサチューセッツ工科大学）教授の仰天インタビュー記事が載った。そこに記されたのは、シュレーブ教授とは一八〇度異なる見解だった。

「今回の混乱の責任は、アメリカ政府の規制緩和政策と金融工学のモンスター、もっと言えば〝悪魔的〟フランケンシュタイン的、怪物のような金融工学にある……」

サミュエルソン教授と言えば、ファイナンス界の〝帝王〟ロバート・マートンの師ではないか。LTCMが破綻したあとも全く動じることなく、別のヘッジファンドに協力して稼いでいる弟子に愛想尽かしをしたのか？（これはあり得る話だ）。

しかし、サミュエルソン教授は、デリバティブや証券化技術が両刃の剣であることを知っていたのだから、アメリカ全体がイケイケドンドンのバブル状態にあったときに、警告を発すべきではなかったか。今頃になってこのようなことを言うのはいかがなものか。「新聞記者の誘導尋問に乗せられたのではないか？」。こう考えたのは、私もかつて言ったはずのないことを書かれて、苦労したことがあるからである。

サミュエルソン発言はショッキングだったが、それを増幅したのは、この記事が出て間もなく、長らく音沙汰がなかった友人から届いた、「金融工学バッシングで消耗しているのではありませんか」という慰めのメールである。

半年前には金融工学の第一人者として紹介された人が、金融工学バッシングの集中砲火を浴びているのではないか、と心配してくれたのである。当初は軽微だと伝えられた金融危機の日本への影響も、日に日に大きくなっていた。それまではバッシングを受け流してきた私も、旧友からのメールで弱気になった。

そしてこれに追い討ちをかけたのが、大学時代の友人の言葉である。この人は日本を代表するものづくりエンジニアで、現役時代にはなかなか顔を会わす機会がなかったが、還暦を過ぎて多少時間に余裕ができてからは、年に二、三回会って一杯やる間柄である。

「ボジョレ・ヌーボーが出たので、近日中に一杯やりませんか」というメールを受け取った私は、その数日後いつもの店に出かけて行った。

「やあ、元気そうだな」

「年の割には元気かな。この間学生に歳を聞かれて、わざとわかりにくく昭和一五年生まれだと言ったところ、一分ほどして『うちのジイチャンと同じなんだ』と言われてムッとしたね」

「そんなことでムッとするようじゃダメだな」

「ハイ、わかりました。それにしても今年は酷い年だったね。我々の世代は、戦後のドサクサから始まって、高度成長、バブル崩壊、海外でも天安門事件、ソ連崩壊といろいろ見て来たけれど、アメリカ金融帝国の崩壊まで見ることになるとは思いもしなかったね」

「アメリカはともかく、金融工学がダメになって、ザマを見ろという感じだよ」

私が金融工学の旗を振っていたことを知っているはずなのに、やけにキツイことを言うものだと思ったが、この程度で腹を立てて、数少ない友人を失いたくないと思った私は、務めて平静を装って答えた。

「『(強欲資本主義) ウォール街の自爆』(神谷秀樹、文春新書、二〇〇八年) でも読んだのか?」

「そんなものは知らんが、以前からカネのような実体のないものに、『工学』という名をつけるのはケシカランと思っていたんだ」

「それはちょっと言い過ぎじゃないかな」

「しかしカネの話には、熱力学の第二法則とか、ニュートン力学のような客観的な法則はないいんだろう?」

「そういうものはないけれど、それなりの理論はあるんだよ」

「カネや経済には人間の心理が絡んでいるから、工学にはなりえないと思うがね」

「経済に心理が影響するのは確かだよ。しかし今では、人間の感性とか脳の働きも数理モデルで扱うようになっているんだ。その種のモデルに明確な根拠はないとしても、数理工学的アプローチで、かなりのことがわかるようになっている。それに、人々のニーズがあれば何でもやるというのが、エンジニアの基本原則だと思うんだな」

三方からの敵、再び

ものづくりエンジニアとの議論は、このあと三〇分にわたって続いた。このとき思い出したのは、二〇年前のバトルだった。

「理財工学」の旗の下でおカネの研究に参入したとき、私は三方からの敵に囲まれていた。一方には、金融工学を単なる計算と蔑視する経済学王国の住民。一方には、日本国民が積み上げた金融資産を、自国に還元させようとするアメリカの金融資本。そしてもう一方は、「金融工学は工学ではない」と批判するエンジニア集団である。

経済学者の批判はいつものことだから、気にしないことにしよう。しかし、工学的手法とエンジニア倫理の下で「理財工学」を目指す者としては、エンジニアの理解を得ておいたほうがいい。こう考えた私は、あらゆる機会を使ってエンジニアたちに呼びかけた。

以下に紹介するのは、一九九〇年代末の第二次金融工学ブームのさなか、計測自動制御学会の求めに応じて書いた、「金融工学のすすめ」と題する文章からの抜粋である。

× × × × × ×

わが国のエンジニアの中には、「一五〇兆円のGNPを生み出す製造業が健在である限り、たかだか二五兆円規模の金融ビジネスが外国企業の支配下に置かれたとしても、それほど心配するには当たらない」と言う唐津一氏を支持する声が多いことを知らないわけではない。しかし一〇年、一五年はともかくとして、三〇年後、五〇年後もわが国の製造業の地位は安泰であろうか。恐らく、この問いに確信を持って回答できる人はいないであろう。

筆者は、製造業の将来に最も強い期待を抱いている者の一人であるが、不確定な未来に対して、分散投資によってリスクを回避する必要があることは、ポートフォリオ理論によって明らかにされた事実である。

この解説記事の目的は、金融ビジネスの世界でいま何が起こっているか、また何故にエンジニアたちがこの分野に参入しなくてはならないか、について説明することである。そこでまず最初に、一九九八年に徳間書店から翻訳が出た、『大破局（フィアスコ）』に記されている不愉快極まりない話を紹介することから始めよう。

この本は、モルガン・スタンレーというアメリカの投資銀行に勤めていた著者（フランク・パートノイ）が、様々なデリバティブ取引で、一生使い切れないほどの資産を蓄積したあと大学にポストを得て、自らの過去を〝反省〟して会社を告発した、極めてアメリカ的な著書である。

さて問題は、その第10章「日本マネーをむしり取れ！」である。ここで著者は、彼らがわが国の銀行を相手に行った、損失隠しのためのデリバティブ取引を克明に説明している。筆者はこれを読んで、著者の臆面のなさに脱帽する一方、この取引に加担して、結果的にモルガン・スタンレーに一〇〇億円近い収益を献上した、日本の銀行マンの無責任さに戦慄を覚えたのである。

銀行は本来、余剰資金を持つ人たちからおカネを預かり、信用創造によって生み出されるその数倍の資金を資金不足部門に供給することを通じて、産業の発展を促す役割を担うビジネスである。その際には当然のこととして、資金回収を確実にするため、銀行は貸出先の将来性や信用リスクの大きさを見極め、利率や貸出額の設定を行うことが要請される。しかしこれをきちんと行おうとすると、貸出先の経営に関する精密な分析と、企業を取り巻く社会・経済情勢に関する緻密な分析が必要となる。

経済学者・飯田経夫氏は、近著『経済学の終わり』（PHP新書、一九九七年）の中で、「このような困難な役割を担っているのだから、銀行員の給料が自分たちより多少高めに設定されていたとしても、それは認めても良いとこれまでは考えてきた」と述べた後、土地や株式といった担保を取りさえすれば、どんな怪しげな企業にもおカネを貸しまくったバブル期の経営や、また優良企業からも資金を引き上げようとする現在の貸し渋り経営を厳しく糾弾している。

実際に、長い間わが国の銀行は本来の業務を放棄し、政府の保護と規制の中で巨額の収益を手にしたばかりか、無責任体制の中で国民の資産を食い潰していたのである。

ところが、わが国の銀行が旧態依然たる経営を続けている間に、世界の金融ビジネスは、数理工学と情報システムを極限まで利用して商品開発やリスク管理業務を行う、ハイテクビジネスに変貌していた。

わが国の金融機関が、「金融の工学化」という事実を知ったのは、潤沢な資金を武器にウォール街に進出した、一九八〇年代後半のことである。ここで彼らは、工学的ツールを用いて商品開発、資産運用に取り組むロケット・サイエンティストたちの活躍に衝撃を受け、理工系学生の大量採用に踏み切った。ピーク時の一九八九年には、東京大学機械系三学科の卒業生の半数以上が、また東京工業大学では学部卒業生の約三〇%が、金融御三家（銀行・証券・保険）に参入した、という事実をまだ記憶されて居られる方も多いであろう。

本来これらの人々は、金融新商品の開発や、資産のリスク管理や適正な運用、資産の証券化など、様々な先端的業務を担うことを期待された人材であった。ところが、間もなくやってきたバブル崩壊の中で、経営者は折角採用した人たちの活動の場を次々と切り落としていった。いずれ金融工学が必要になることは事実だとしても、当面は政府の規制と保護の中で生きていけるのだとすれば、不要不急の先端分野への投資は後まわしにしてもよいと考えたのであろう。

こうして、一〇年前の第一次金融工学ブームは呆気なく終わるのであるが、この時代の努力がすべて無駄になったかと言えば、そうではない。経済学者やハードコア・エンジニアたちの冷たい視線の中で、一部の研究者は、将来を見据えてこの分野の研究への取り組みを開始したのである。その活動を支えたのは、我々の先輩や仲間たちが研究してきた様々な数理工学手法が、諸外国の金融ビジネスにおいて本格的に利用されているという事実であった。

たとえばわが国の研究者が、アメリカに次ぐ実績を挙げてきた数理計画法の諸技術が、資産運用の現場で広く利用されているという事実は筆者たちを勇気づけたし、デリバティブの基礎理論であるブラック＝ショールズ公式が、わが国の数学者伊藤清氏が生み出した確率積分理論をもとに組み立てられたという事実は、有力な確率論研究者がこの分野に参入する原動力となった。

また株価変動を分析するには、様々な統計理論を駆使することが必要とされるが、厚味のある統計学者の中の有力な人々が、この分野に新たな土俵を設定し、「将来の不確実なキャッシュフローの計量と制御」に関する研究活動を開始した。

これらの少数ではあるが有力な研究者たちは、一〇年以上にわたる地道な研究活動を行ってきたのである。この結果、アメリカとの差は徐々に縮まっているが、研究者の層の厚さと投入資金の大きさからいって、まだまだ格差は大きい。

そしてここにやってきたのが、日本版金融ビッグバンである。一九九八年の外国為替管理法の改正に始まり、二〇〇一年三月までに日本の金融市場を完全に自由化する、という壮大な構想である。実力のある企業にとっては、待ち望んだチャンス到来であるが、弱小企業は思いもかけぬ大嵐に襲われ、内外の有力企業との提携に生き残りを模索している。

しかし、一九八六年にサッチャー政権が実施したビッグバンの際に、単独で生き延びたイギリス企業は唯一つに過ぎなかったという、ロンドン市場の「ウィンブルドン化」が東京市場でも繰り返されることを心配する専門家は少なくない。先に紹介した唐津氏は、「日本の金融機関が、アメリカ企業の子会社になろうとも一向に構わない。むしろ有力企業には、外国企業が今以上に喜んでお金を貸してくれるだろう」と述べているが、筆者はことはそれほど簡単ではないと考えている。

外国金融機関が狙っているのは、わが国の国民が戦後五〇年間の努力によって蓄えた一二〇〇兆円の個人資産であって、彼らには日本の産業の発展を支えるという発想は乏しいのである。短期的収益を重視するアメリカの金融機関が、日本市場で日本の将来を考え、銀行本来の任務を果たしてくれる保証はないのである。日本国民のための金融システムの構築が必要とされる所以である。

グローバリズムがキーワードとなるなかで、上のような主張はローカルな発想だと批判されるかもしれない。しかし、実はこれまで金融工学を軽視してきたエンジニアの中にも、最低限〝防衛的〟金融工学は必要だという声があがっている。最初に紹介した『フィアスコ』のデリバティブ取引に見るとおり、相手が金融ハイテクを使って「日本マネーをむしりとろう」とするならば、我々も防衛のためにハイテク開発に努力する必要があるのではないだろうか。(後略)

× × × × × ×

二〇世紀も終わる頃、日本版金融ビックバンの中で、エンジニアの多くは「防衛的金融工学」の必要性を認めるようになった、と私は思っていた。しかしそうではなかったのである。製造業の兵站を任ずる工学部に勤めるエンジニアたちは、依然として心情的には金融工学を認知していなかったのである。

一一月末、今度は先にインタビューを受けた大手経済紙に、ＭＩＴスローン・スクール（マネージメント・スクール）のデビッド・シュミッタライン学部長のインタビュー記事が載った。そこで同教授は、「証券化技術が問題だったわけではなく、それを悪用した経営者が悪いのだ。そしてそれは、ビジネススクールの経営方針、即ち利益偏重主義が誤りであったことを示している」と述べている。まさにそのとおり、今回の問題を引き起こした主役の一人は、アメリカのビジネススクールが育てた、〝強欲で短期的利益偏重のＭＢＡ経営者たち〟なのである。

金融工学は間違ったことをしてきたのか？

アメリカの権威失墜に乗じた評論家や経済学者の中には、市場原理主義や自由主義、そして民主主義さえも否定する人が目立つようになってきた。またこれまでアメリカ的経営や市場万能主義の先頭に立ってきた人が、〝ザンゲの書〟なるものを出版している。

私のところにもある出版社から、『金融工学は破産した』という本を書かないかというお誘いがかかった。しかし私は言下にこの依頼を断った。サブプライムローン問題に対して、金融技術や金融技術者に全く責任がないとは言わない。しかしそれは金融技術を使ったから起こったというよりは、金融技術を使っていると見せかけて、実は使っていなかったところに問題があるのだ。返済能力のない人たちに、（破産リスクを無視して）住宅ローンを貸し出した金融機関。その債権を証券化し、危ない商品であることを知りながら投資家に売り出した投資銀行（証券会社）。これにトリプルAの格付けを与えて、投資家を欺いた格付け機関。この無責任トリオと、（リスクを十分に評価せずに）安易にこれを購入した機関投資家。MBAが主導権を握るこれらの機関は、金融技術を使ったかに見せかけて、実はほとんど使っていなかったのである。

私は今から約九年前に、我々エンジニアの活動を紹介する目的で『金融工学の挑戦』という本を出版した。エンジニアが書いた本は売れないという定説を覆して、この本はよく売れた。出版されたのが、金融ビッグバン宣言以後の第二次金融工学ブームに重なったのと、同じ年に出版された刈屋武昭氏の『金融工学とは何か』（岩波新書）と野口悠紀雄氏の『金融工学、こんなに面白い』（文春新書）との相乗効果のおかげである。

バックグラウンドの違う三人の本は、記述の範囲もレベルもかなり違っていたが、金融工学を世の中に広めるうえで効果があった。金融工学に逆風が吹き始めた今、私は自分が書いた本を読み返してみた。そして自問した。金融工学者は、何か間違ったことをやってきただろうか、と。

その答えは第二章と三章で詳しく書くことにして、以下ではまず我々金融工学者が、どのような仕事をやってきたのかについて、概略を紹介することにしよう。

「将来の不確実なキャッシュフロー計量と制御」を目指す「金融工学」において、最も重要な役割を果たすのは「リスク」である。研究社の新英和大辞典で「ＲＩＳＫ」を検索すると、「損失の可能性」と説明されているが、本書ではより具体的に、「将来予定されたキャッシュフローが実現されない可能性」をリスクと呼ぶことにしよう。

金融工学が研究対象とする主要なリスクは、第四章と第五章で取り上げる「市場リスク」と「信用リスク」の二つである。

市場リスクとは、金融市場で取引されている商品の価格変動に伴うリスクで、これについては「ポートフォリオ理論」の名の下で、半世紀以上にわたって様々な研究が積み重ねられてきた。

もう一方の「信用リスク」とは、他人に貸したお金が予定通りに戻ってこないことに伴うリスクで、格付けや倒産分析がその中心課題である。この研究にも半世紀以上にわたる歴史があるが、工学的（計量的）な研究の対象となったのは、比較的最近のことである。市場リスクに比べて信頼すべきデータが格段に少ないため、その研究はまだ初歩的段階に止まっている。今回のサブプライム危機は、信用リスクの研究がまだ十分に成熟していないにもかかわらず、複雑な信用リスクを抱えた商品の取引が異常に増大したのが大きな原因となった。

リスク管理の手段として考案されたのが、最終章で取り上げる「デリバティブ（金融派生証券）」である。これはある金融商品（たとえば株式）と連動して価格が変化する商品で、株式と派生証券を組み合わせることによって、株が持つリスクを減少させることができる。その一方で、デリバティブはそれ単独で売買することによって、投機目的にも使うことができる〝危ない〟商品である。

金融に関するリスクとしては、これ以外に「業務リスク（オペレーショナル・リスク）」と「流動性リスク」がある。前者は金融ビジネスにおいて、業務が適正に遂行されないことに伴うリスクである。ATM（現金自動預払機）の不具合や、伝票処理のミスなどがその例である。この種のリスクは、金融機関だけでなく、すべての企業に共通する部分が多いもので、古くからシステム工学や経営工学の研究対象とされてきたテーマである（したがってこの本では、これについては取り扱わない）。

一方「流動性リスク」とは、市場で正常な取引ができなくなることに伴うリスクである。たとえば、市場に資金が十分に供給されないために、おカネを借りたくても借りることができなくなることに伴うリスクがこれに当たる。

また株価急落に脅えた投資家が、資産の購入を手控えたために売買が成立しなくなり、スパイラル的に価格が下落する「暴落」は、市場に流動性がなくなった結果である。多くの経済学者は、バブル（暴騰）やそれに続く暴落は避けようがない、したがって流動性リスクは研究しても仕方がないと考えているようだが、私はこれらのリスクは、より本格的に研究されるべきテーマだと考えている（この本では、少しばかりではあるが、暴騰・暴落に関する工学的研究について触れる予定である）。

以下では、ところどころ『金融工学の挑戦』と重複する部分があるが、そのような部分や数式などは適宜読み飛ばして、最終章までお付き合いいただければ幸いである。

第　二　章

エンジニア倫理と強欲の論理

エンジニア参上

わが国のエンジニアが、ファイナンス（金融）に本格的にコミットするようになったのは、一九八〇年代後半のことである。折から東京証券市場の活況に後押しされ、大挙して欧米の市場に進出した金融機関は、「ジャパンマネー」として恐れられる存在になっていた。

しかし図体こそ大きいものの、彼らは新時代の金融技術――資産運用・信用リスク管理・新商品開発など――の面で、欧米の先進企業に比べて著しく遅れていた。近い将来金融が完全自由化され、彼らと戦わなければならない時代がやってくることを知った金融機関は、新技術の担い手を探し求めた。

金融機関の中に、金融技術がわかる人がいなかったわけではない。たとえば東京工業大学からは、毎年六％程度の学生が金融機関に就職していたが、数学・情報科学・経営工学出身の彼らは、金融新技術に対応できるだけの能力を持っていた。しかし彼らに課せられた任務は、従来からの銀行業務を計算機上で実行させることであって、金融新技術の開発に携わっている人はほとんどいなかったのである。

金融新技術は、従来とはかなり異なる知識を必要とする。注目が集まっていたブラック＝

ショールズ＝マートン理論や、ハリソン＝クレプス＝プリスカ理論をマスターして、これを実務に応用するためには、確率微分方程式（伊藤の理論）、最適化理論、シミュレーション技術などが必要とされる。

ではこれらの知識に明るいのは誰か。ほかでもない、ＯＲ（オペレーションズ・リサーチ）や制御理論の専門家である。伊藤の理論は、待ち行列の分野では当たり前のように使われていたし、最適化理論となれば、日本はアメリカに次ぐ多くの優れた研究者を擁している。また、マーコビッツのＳＩＭＳＲＩＰＴ以来、シミュレーション技術もＯＲの七つ道具の一つに数えられる基本技術である。

「金融技術はＯＲそのものだ！」。一九八八年に「投資と金融のＯＲ」研究会を設立するに当たって、私がＯＲ学会員に向かってこの言葉を繰り返したことには、いくつもの理由がある。たとえば、ファイナンスの教科書に出てくるのは、ＯＲの専門家にとってはなじみのある手法が多いし、ハリソン＝クレプス＝プリスカ理論を生み出した三人の研究者は、経済学ではなくＯＲ畑出身である。またデリバティブ理論の元祖であるブラック、ショールズ、マートンらも、学部時代には、計算機科学や数学を勉強した人たちである。

一九八〇年代半ばにＭＩＴの教授職を辞して、ゴールドマン・サックス社に転じたフィッシャー・ブラック博士は、「アメリカの先進金融機関は、数学・物理・計算機科学・経営工学・ＯＲ学科の卒業生を集中的に採用している。ＭＢＡに数学や情報技術を教えるより、理工系出身者にファイナンスを教えるほうがはるかに効率的だからだ」と言っていた。

では日本はどうだったのか。驚く人もいるだろうが、経済学部ではついこの間までファイナンスは傍流扱いだった。ファイナンスの基礎理論である「ＣＡＰＭ（資本資産価格付け理論。〝キャップエム〟と読む）」ですら、本格的に教えているところは数えるほどしかなかったのである。また、商学部や経営学部では会計学が中心で、ファイナンス理論には軽く触れる程度に過ぎない。

経済・経営系の人が頼りにならないことを知っている金融機関は、ゴールドマン・サックスに倣って、理工系大学の学生に目を向けた。そして数理・情報・経営工学・ＯＲの学生だけでは足りず、機械系や（数理・情報に強いとは言えない）化学系の新卒生にも手を伸ばした。

理工系大学は手を拱くばかりである。一方、優秀な学生を奪われた製造業の経営者は、理工系大学に対して、学生をきちんと指導するよう申し入れたが、金融機関はわれ関せずとばかり、新卒者だけでなく、製造業からも情報系・制御系の技術者を引き抜いた。かくして金融機関は、理工系大学と製造業の共通の敵となった。

待ち望まれた理工系研究会

ＯＲ学会理事会で、ファイナンスに関わる研究会を設立すべきだという声があがったのは、一九八七年である。金融機関が、大量の理工系学生やエンジニアをスカウトしているのは、金融技術に対するニーズが高まっている証拠だ。アメリカでは、多くのＯＲ研究者が活躍しているのだから、我々もこの分野に乗り出すべきではないか？

研究会の設立は決まったが、引き受け手がいない。かくして、理事の一人である私が主査を務めることになったという次第である。ファイナンスについては、マーコビッツの平均・分散理論くらいしか知らない私に、この仕事が務まるのかという心配はあった。しかし平均・分散モデルを復活させたスタンフォード大学ＯＲ学科出身のアンドレ・ペロルドが、ハーバード・ビジネススクールのファイナンス担当教授に納まっているからには、私にでも何かできるのではないか。

二年にわたって研究会を運営していくには、核になる研究者が一〇人くらいは必要である。しかし実力がある研究者の多くは、〝工学部と製造業の敵〟を支援するための研究に手を染めることをためらった。

私には彼らの気持ちがよくわかった。

「金融（のようなつまらないこと）は、経済学部と商学部に任せておけばよい」

「一部の富める者に奉仕する研究ですか？」

「金融工学には原理原則はあるのか」

「そもそもそれは学問と言えるのか」

先輩や同僚にこう言われれば、余程強い動機を持つ人でなければ、現在の専門を棄ててまでこの分野に参入しようとは思わないだろう。そんなことをすれば、〝おカネに対して特別な愛情を持つ人か、専門分野で業績が上がっていない人のいずれか〟とみなされる危険がある。

工学部には研究の自由がない、と言っているのではない。むしろ工学部ほど自由なところはない、と言ったほうがいいくらいである。ところが、ヒト・モノ・情報に関する研究であればすべてオーケーなのに、おカネの研究だけはノーなのである。

こういう環境に住む人を、ファイナンスの世界に引っ張り込むためには、エンジニアが嫌う「金融」ではなく、格調の高い名前をつけて参入障壁を低くすることが必要である。私が「金融工学」ではなく、〝希少な資源の有効な活用〟を図る「理財工学」と命名したのは、こう考えたためである。明治時代以来の由緒正しい言葉であるにもかかわらず、長らく放置されている「理財」を名乗れば、エンジニアが参入しやすいだろうというわけである（この名称は徐々に定着する方向にあったが、一九九〇年代末の第二次金融工学ブームの中で吹き飛ばされてしまった）。

しかしこのような配慮にもかかわらず、出発時点で参加を表明してくれた大学勤めのエンジニアは、わずか七人に過ぎなかった。その一方で、金融機関からは五〇人以上の技術者が集まってくれた。経済学者や経営学者が中心になって運営している研究会や、セミナー業者がアレンジする講習会はいくつかあったが、金融機関に参入したエンジニアは、エンジニアが音頭をとる研究会に魅力を感じてくれたのだ。

それに、五〇〇円の参加費でマーコビッツ、ブラック、プリスカといった国際的研究者の話を聞ける研究会はここしかない。かくして二年目に入る頃には、登録者数は四五〇人にまで膨らんだのである。

研究会を運営してみてわかったことは、金融機関のエンジニアの中には、ブラック＝ショールズ＝マートン理論やハリソン＝クレプス＝プリスカ理論をマスターし、その先の研究にチャレンジしている人が何人もいるということだった。なかでも東工大勢のパワーは他を圧していた。研究会が当初の予定をオーバーして三年間継続し、その後も現在に至るまで続いているのは、これらの優秀なエンジニアの協力のおかげである。

理工系大学と金融工学

研究会発足に先立って、私はこの年（一九八八年）の正月から、エコノミストの斎藤精一郎氏（立教大学教授、当時）と「週刊新潮」に、「大学教授の株ゲーム」（単行本は日経ビジネス人文庫、二〇〇〇年）というタイトルの連載コラムの執筆を開始した。数学を知らない（あるいは忘れてしまった）人たちに対して、株式投資のイロハを紹介することを目指したもので、私の任務は平均・分散モデルを出発点に、ＣＡＰＭからフォン・ノイマンの期待効用理論、さらにはオプション理論などを解説することである。

東工大の同僚がマユを顰めることはわかっていた。それにもかかわらずこの仕事を引き受けたのは、「おカネ」の世界にもまともな数理工学理論があることを知ってもらいたいと思ったからである。幸い連載は読者の好評を博したが、大学での評判は最悪だった。そして連載開始から半年ほど経った頃、私は人事課長の呼び出しを受けたのである。

「週刊誌に連載記事をお書きになっていますね」

「やっていますよ。ご覧になったのですか」

「私はあのコラムを愛読しています。数学が苦手な私にもわかるのが嬉しいです」

「学内であの連載について褒められたのは、はじめてです。それで今日は何の御用でしょう」

「お呼び立てしたのは、文部省が週刊誌にコラムを書くのは感心しない、と言ってきたことをお伝えするためです」

「そんなことを言ってくるなんて、やけにヒマなんですね。でも江藤（淳）先生はどうなんですか。あの人は新聞や雑誌に書きまくっていますよ」

「月刊誌はともかく、週刊誌となると本務に差しさわりが出るのではないか、と言っていました」

「あの仕事は二週に一回、四〇〇字八枚分ですよ。しかも土・日にやっているので、仕事に支障はありません。毎月三〇〇枚以上書いている江藤先生に比べれば、二〇分の一以下ですよ」

「そのあたりはともかく、私としては役所から言ってきたことは、役目上お伝えしなくちゃならないんですよ」

「要は、株に関する内容だからまずいというのですね」

「……」

「感心しないというお言葉は承りましたので、よく考えて判断します」

このとき私は、感心しないと言っているのは文部省ではなく、大学の要人、たとえば学長か工学部長ではないかと推測した。この程度のことで文部省が何か言ってくることは、絶対にあり得ないからである。

連載は好調に進んでいたが、私は頃合いを見計らって手を引いたほうが賢明だと考えた。数式を使わずに書ける分はあらかた書き終えたし、大学の執行部を刺激するのはほどほどにしたほうがいい。

九月始めに、「そろそろ終わりにしようか」と私が切り出したとき、斎藤氏は即座に「そう言おうと思っていたところだ」と応じた。かねて東京市場の暴落を予想していたこの人は、連載継続はリスキーだと考えていたのである。

この後三か月、我々は編集長との約束を守るために連載を続け、開始から一年経ったところで株式評論家を廃業した。東京市場はこのあとも好調を続け、一九八九年の大納会に日経平均は最高の三万八九一五円を記録し、日本の大手N証券の経営者は、一年後には五万円という予想を立てた。

このため読者からは、何でやめたのかという問い合わせが殺到（？）したということだ。しかし一九九〇年一月以降株価は急落し、その一年後には日経平均は二万円を切った。かくして我々は、文部省の忠告のおかげで、バブル崩壊を逃げ切ったのである。

バブルのメカニズム

このときの経験は、バブルについていろいろなことを考えるきっかけとなった。なぜバブルは起こるのか。バブル崩壊を未然に防ぐことは可能か。バブルに責任があったのは誰か。

第一のなぜバブルが起こるのかという問題について、私は一九九二年から九四年にかけて発表した三編の論文で、一つの解答を導いた。「平均・分散モデル（およびそれを一般化した平均・リスクモデル）に従う〝合理的な〟投資家が集まる市場において、貪欲な人が大量発生して『市場平均貪欲度』が大きくなると株価が急上昇し、それが『市場平均収益率』を超えると市場が崩壊する」という結果である（その概要は第四章で説明する）。

たとえば、実体経済の成長率（市場平均収益率）が五％の状況を考えよう。一九八九年の株価急騰のように、一年の間にＴＯＰＩＸ（東証平均株価指数）が四〇％も上昇すれば、それは間違いなくバブルである。実体経済の一〇倍近い上昇が続けば、市場平均貪欲度は、いずれ市場平均収益率を超える。したがって、このような株価急上昇が起こったときは、その後に控える暴落を防ぐ方策――たとえば金利引き上げや金融引き締め――を講じるべきだ。

では、四〇％でなく三〇％、二五％ならどうか。恐らくそれもバブルだろうが、そうでないという人もいるだろう。このあたりは判断が割れるところだが、経済学者はバブルか否かを見分ける方法はないという。

しかしはっきりしていることは、株価総額が急激に増大しているときは、人々の貪欲度が急上昇している可能性が高いので、あまり欲張らずに、適当なところで手仕舞いするのが賢明だということである。多くの人がこのように判断すれば、バブルは崩壊せずに沈静化するはずである。

アメリカの住宅バブルの際に、連邦準備制度理事会（ＦＲＢ）は、そのまま放置して破綻したところで適当に対処するのがいいと考えていたようだ。しかしそれは無責任というものである。途中で潰して、強欲な人からクレームがつくのが怖いのだろうが、山高ければ谷深しだから、早めに潰したほうが損害は少なくて済むのである。

一九八〇年代末のバブルについて、かねて私はアメリカの（理不尽な）要求に応えて内需拡大をうたった「前川レポート」に原因があると考えてきた。これによって日本人は、（すでに十分豊かになっていたにもかかわらず）もっと豊かになろうとして貪欲になったのだ。

保有する資産が少ない庶民が少々貪欲になっても、大した問題は起こらない。一方、資金を沢山持っている大富豪や機関投資家が貪欲になると、市場平均貪欲度が上昇してバブルが発生するのである。

経済学者・林敏彦氏は、『マネーの経済学』（日本経済新聞社、二〇〇四年）の中で、「バブルの責任追及はやめよう。バブルは、人間が犯した間違いであることは確かだが、戦争よりはましだと思って諦めるしかない」と書いている。

経済学者の大半はこのように考えているようだが、それは自らの責任を回避するためではなかろうか。こう思っていたところに、二〇〇八年一二月の日本経済新聞のコラム「私の履歴書」の中で、小宮隆太郎氏が「バブルの真犯人は前川レポートだ」と断言しておられるのを見て、胸がすく思いだった。

私は第四章で紹介する均衡株価理論を応用して、どこでバブルが崩壊するかを具体的に示す方法を見つけ出そうと努力した。しかし現在に到るまで、明確な回答は得られていない。かなり努力したにもかかわらずダメだったのだから、これ以上やっても私の力では無理だろう。いずれ優秀な若者が、「実験経済学」や「行動経済学」の手法を使って、この問題を解明してくれることを期待しよう。バブルの定量的解明に成功すれば、これらの新分野は、経済学王国における一流市民の地位を確立することができるだろう。

バブル崩壊は経済システムの失敗を表すものである。その原因解明が難しいことはわかる。あまりにも多くの人が関与しているからである。橋が壊れたのは、多くの人がそこを渡ったせいかもしれない。しかし責任があるのは、そのような橋を作った人と、多くの人を渡らせた人なのである。

ＭＩＴスローン・スクールのデビッド・シュミッタライン学部長は言っている。「金融工学バッシングをしている人の中には、金融工学なんかやめてしまえという人もいる。しかしそれは、一度橋が壊れたからもう橋を作るのはやめよう、と言っているようなものだ。人間はもはや、ボートで川を渡るような世界に逆戻りすることはできない。我々がやるべきことは、絶対に壊れないような橋を作ること、そしてそれを適正にメンテナンスすることなのである」と。

おカネの問題を避けて通るエンジニア

一八歳で理工系大学に入学して以来、私は約五〇年をエンジニア集団の中で過ごしてきたが、（経済学科や数学科ほどでないにしても）工学部にも専門分野に関する序列がある。最上位にランクされるのが、〝ものづくり〟の研究である。これに比べると、ソフトウェアや〝ことづくり〟の研究は、長い間ランクの低い研究と見られてきた。

この結果わが国は、これらの分野でアメリカに途方もない差をつけられてしまった。情報処理学会会長を務めた益田隆司博士（前電気通信大学学長）によれば、ソフトウェア・サイエンスの担い手を育てることができる大学は、日本にはほとんどないということだ。

ソフトウェア以上に、工学の研究対象とはなり得ないと考えられてきたのが、おカネである。エンジニア集団では、「ヒト、モノ、カネ、情報」の中で、カネの研究は〝問題外の外〟扱いだった。

おカネのことは、おカネの専門家に任せておけばいい。おカネの知識が必要になったら、そのときちょっと勉強すれば足りる――一九八〇年代半ば、工学部教授の一〇人中九人はこう考えていた。

もちろん工学部教授にもおカネは必要である。おカネがなければ手も足も出ない実験系の教授は、研究費の獲得に命を懸けている。しかし、研究費の使い道は決まっているし、その収益率を考える必要は全くない。つまり工学部教授がおカネについて考えるべきことは、「それを取ってきて使う」ことだけなのである。

一方、企業に入ったエンジニアは、はじめのうちは技術開発・商品開発の現場で細かい技術的な仕事に携わる。しかし一〇年後に課長となり、二〇年後に部長になると、かなり大きな額のおカネを扱う。新商品を開発するためには、数千万単位のおカネが必要となる。それだけの資金を使う際には、そこから得られる不確定なキャッシュフローを計量して採算をはじく必要が生じる。

そしてそのためには、資本費や減価償却費、内部収益率、そしてCAPMくらいは知らなくてはならない。

財務の専門家に相談することはできるとしても、技術が絡んでいる問題だから、すべてを人任せにすることはできない。優秀なエンジニアであれば、少々勉強すれば済むかもしれない。問題はその先である。取締役として経営陣に加わると、議論の半分近くはおカネである。貸借対照表、損益計算書を前に交わされる議論に加わるには、かなりの勉強が必要である。

かつて東工大の工学部長を務めた機械工学の大物教授は、「うちの卒業生は取締役までは行くが、常務・専務になる人は少ない」とボヤいていたが、それが本当だとすれば、エンジニアはおカネの問題に疎いからではなかろうか。

モノとカネの関係——双対空間

なぜエンジニアはおカネに関心がないのか。それは彼らが、モノやサービスに付随する二義的な存在であるおカネには、自らタッチするまでのことはないと考えているからである。「企業の使命は、よい商品・サービスを人々に提供して、人々の生活を向上させることであって、おカネはそれについてくる対価に過ぎない」。大学に務めるエンジニアはこう考えている。この点は、

「企業の使命はおカネを儲けることだ」と考えるMBAと決定的に違うところである。

一方、経営工学やORの専門家は、おカネについて一般のエンジニアとは少しばかり違ったイメージを持っている。企業経営を考えるうえでは、財務や会計に関する基本的概念を知っておく必要があるから、経営工学の学生は学部時代に、おカネに関する（最小限の）教育を受ける。やってみれば、一見つまらなく見えるおカネの世界にも、難しい（面白い）問題がいろいろあることがわかる。

また、線形計画法を本格的に勉強したORの専門家は、おカネはモノの「双対空間」を構成する重要な概念であることを知っている。一般の人に「双対」という言葉を説明するのは難しいが、要は「適正なモノづくりは、適正な資金配分や価格付けと不即不離の関係にある」ということである。

それがわかっているなら、もっと積極的におカネの研究に乗り出してもいいはずだが、そうならないのは、彼らの多くは周囲のエンジニアの、〝おカネ嫌悪症候群〟に感染しているからである。

しかし、一旦足を踏み出せば、ORや数理工学の研究者は、自分が金融工学の研究に向いていることを知る。それまで勉強してきたもののすべてが、金融工学の研究に生かせるのである。金融工学を「将来の不確実なキャッシュフローの計量と制御」と定義する立場からは、リターン・リスク・時間という三次元空間の中で複雑な運動を行うおカネは、難しくも面白い研究対象となるのである。

二つの「E．E．」

一生を技術者として過ごしたいという人は、財務や会計の知識がなくても問題はない。しかし日進月歩の技術の世界で、定年まで技術の第一線で勝負できる人は少ない。かくして大半の技術者は、早々と年金生活者となる。金銭欲に乏しい彼らは、それで十分だと考える。一方、おカネの知識がある人たち——多くは文系の人たち——は、取締役から常務・専務へと昇進し、巨額の役員報酬を手にする。

ベストセラーとなった『理系白書』（講談社、二〇〇三年）によれば、理系大卒は平均で生涯所得が文系大卒より五二〇〇万円少ないということだが、その何割かはこれで説明できるはずである。役員にならずに会社を去る人と、大企業で五年役員をやった人の間には、生涯所得に一億円以上の差があってもおかしくない。

日本の社会でエンジニアが貢献に見合う処遇を得ていなかったことについては、『「理工系離れ」が経済力を奪う』（日経プレミア、二〇〇九年）で詳しく書いたのでここでは繰り返さないが、理系が文系なみの待遇を受けるためには、〝おカネはモノに付随する二義的な存在ではない〟ということに気付く必要がある。

エンジニアがこのことに気付くのは（気付くとしての話だが）、課長から部長になる頃だろう。柔軟なアタマを持つ人は、ここで財務・会計・人事管理などを勉強して〝文転〟をはかる。しかし、全く〝文〟の基礎知識がないエンジニアにとって、文転は容易ではない。

実際、金融工学の世界で仕事をするようになってから、私は何回も会計学を勉強したが、一年もすると頭から抜けていった。厄介なのは、ＥＲＭだとかＥＢＩＴＤＡといった〝ジャーゴン〟が次々と出現しては消えていくことである。何度勉強しても会計学が頭に入らない私は、若い頃にもう少し基礎的なことを勉強しておけばよかった、と思うことしきりである。

このような状況を踏まえて、成熟したエンジニアの団体である「日本工学アカデミー」が、工学部の学生に二つの「Ｅ．Ｅ．」、すなわち「Engineering Economy（工業経済）」と「Engineering Ethics（工業倫理）」を、必修として課すべきだと提言したことがある。

工業経済とは、平たく言えばおカネの話である。何をどこまで教えるかについては議論の余地があるが、学部時代におカネの基礎を二単位分教えておけば、エンジニアが文転する際に大きな助けとなるだろう。ところが、いまでもおカネのことを必修で課している理工系大学はほとんどない。おカネの知識を持って社会に出るエンジニアは、経営（システム）工学科と数理工学科の学生くらいのものである。

なぜそうなのかと言えば、工学部の主流である「土・機・電・化」グループの教授たちは、先に述べたとおり、おカネのことは、必要になったときに少々勉強すれば足りると考えているからである。しかし、教授はそうでも学生は違う。彼らは、おカネの知識が必要であることに気付いていた。東工大で一般教育科目「ファイナンス理論」が開設された一九九三年には、九〇〇人の学生が履修届を出し、そのうちの七〇〇人が単位を取得したことが、この事実を証明している。

エンジニア倫理と強欲の論理

民間研究所で働いた数年を除いて、約半世紀を理工系大学の中で過ごしてきた私は、何人ものスーパー・エンジニアと知り合いになった。

一万人に一人、あるいは一〇万人に一人というこれらの天才を身近に見た私は、早々と自分の限界を知った。いくら頑張っても二流にしかなれない――。だからといって、別の世界に進んでも一流になれる保証はない。それに今から方向転換しても遅すぎる。大学院の修士課程を出たとき、私は自分の将来に何の展望も持てなかった。

しかし幸運だったのは、数学や経済学と違って、エンジニアの世界には、二流でもやるべき仕事はいくらでもあったことである。スーパー・エンジニアは、大問題に取り組んで次々と答を出す。幸いなことに、解くべき問題に比べると、スーパー・エンジニアは数が少ない。彼らが関心を持たない問題、関心があっても忙しくて時間を割くことができない問題など、急激に発展する日本のエンジニアには、たとえ二流であってもやれること、また二流でなくてはやれない研究テーマは、いくらでもあったのである。

自分は一流にはなれない。しかし一流のエンジニアがいいとは限らない——。このように思うようになったのは、博士号を取ったあと、ウィーンにある「国際応用システム分析研究所（IIASA）」に勤めていたときである。米ソを中心に、東西各八か国が協力して設立したこの研究所には、世界各地から続々と一流の科学者・技術者が訪れたが、日本からやって来た若手の東大工学部教授と、一流のエンジニアとは何かをめぐって、あわや掴み合いという激論を交わしたことがあった。

「先生のモデルで、パラメータを変えると違う結果が出ますよね。そのあたりの検証はおやりになったのでしょうか」

「もちろんやりましたよ」

「それでは、低価格ウランの埋蔵量が五％増しでなく、五〇％増しになったらどういう結果になりますか」

「そうすれば全く違う結果が出ます。しかし、折角高速増殖炉に日が当たっているのに、それは当分必要ないなんていう結論を出しても、誰も喜びませんよ」

「じゃあ先生は、（都合が）いい結果が出るようにパラメータを操作したんですね」

「操作とは失礼じゃないか。一流エンジニアの仕事は、依頼主の希望に沿った答えを出すことだ！」

「それではお尋ねしますが、農協から〝最も飛沫が飛ばない肥え桶担ぎの方法の研究〟を依頼されたら、エンジニアはやらなくてはいけないのでしょうか」

「当然だ。エンジニアはＨＯＷだけを考えればいい。ＷＨＡＴを考えるようなエンジニアは二流だ！」

これは（当時の）一流エンジニアの考え方をよく表している。役に立つなら何でもやる。上司や依頼主から頼まれたことには、相手の意向に沿う解答を出すよう最大限努力する。これが当時の一流エンジニアの生き方だったのである。おそらく今も、一流エンジニアの多くは、こう考えているだろう。

二流でいいと考えるようになったのは、このとき以来である。二流と言われてもいいから、WHATを考えるエンジニアになりたい。私が後年「理財工学」や「知財問題」に関わるようになったのは、一流のエンジニアは手を出さないが、誰かがやらなくてはならない仕事だからである。一流エンジニアなら名声に傷がつくと考えるだろうが、二流であれば傷がつくような名声なんかもともとない。

すべてのエンジニアに工業倫理を教えるべきだという意見は、役に立てば何でもやる（一流）エンジニアに対して、たとえ役に立ってもやってはいけないことはやらない、ということを身につけさせるためだろう。

このアドバイスを受けて、理工系大学では低学年の学生に対して、工業倫理の講義を開設しているが、これはあまり効果がないのではなかろうか。なぜなら、企業に入ったエンジニアは、上司から頼まれた仕事を断ることはできないからである。そんなことをしたら、組織の中で反乱分子だと思われてしまう。

「やるべきでないことは、部下にやらせないようにせよ」ということであればわからなくはない。しかし、この人にも上司がいる。行き着く先は経営者である。ここにアメリカのMBAのようなモラルのない人が坐っていたら、いくら工学部の学生に「E.E.」を教えても意味がない。

より大事なことは、エンジニアの卵にもう一つの「E.E.」、即ち、おカネの仕組みを教えて、エンジニアの中からより多くの経営者が出るようにすることではないだろうか。

エンジニアはMBAとは全く違う思考回路を持っている。これらの人たちの生き方を集約したのが、以下の「エンジニア倫理」である。

①専門に集中して一流の専門家となり、仲間の尊敬を受けることを目指す。
②他の分野の専門家の仕事には軽々に口出ししない。
③仲間（上司）から頼まれたことは断らない。また他人に頼んでやってもらったことに対する恩義を忘れない。
④時間に遅れない（納期を守る）。
⑤仲間や学生をけなさない。
⑥人の言うことは最後まで聞く。

私が東大工学部や東工大で付き合った人の約八割は、この原則に忠実な「純正エンジニア」である。

黙殺されがちなエンジニアの声

ここ一〇年ほど、私はできる限りの機会を捉えて、エンジニアのメッセージを社会に向けて発信しようと心がけてきた。二〇〇〇年と〇五年に出した二冊の本とこの本は、その活動の一環である。しかし、これは思った以上に困難な仕事だった。特に二〇〇五年の『金融工学20年』は、原稿ができあがってから本が出るまでに二年近くかかっている。

純正エンジニアは専門以外の本は読まない。文系の人は、エンジニアが書いた本など見向きもしない。「エンジニアは黙って好きなことをやってくれればいい」と彼らは考えている。だから、エンジニアが書いた本はなかなか売れない。

出版社は売れない本は出してくれない。出版社に限らず、ジャーナリズムすべてにおいて、エンジニアが発言する機会はほとんどない。発言しても黙殺されるのがオチである。エンジニアにとって、文系の人々が差配しているジャーナリズムの壁は途方もなく高い。この事実に関する一つの経験を記そう。

バブル崩壊とともにやってきた低金利は、私の老後の計画を破壊した。私だけではない。低金利政策による三九兆円の損失の大半を負担したのは、私を含む中・後期高齢者である。

五〇代に入るころ、私は六〇歳時点で二〇〇〇万円の蓄えがあれば、老後の生活はオーケーだと考えていた。その頃は、子供たちは社会に出ているはずだから、三〇〇〇万円の退職金が出れば、金利収入一五〇万円と年金三〇〇万円の合計四五〇万円が手に入る。これで足りなくても貯金を取り崩せば二〇年くらいは暮らせるだろう――。この計算は金利四％を前提としたものだが、この前提には十分な根拠があった。アメリカでも日本でも、戦後五〇年近くにわたって、金利が四％を割り込むことはほとんどなかったからである。

プリンストン大学のヤシーヌ・アイトサハリア教授の研究によれば、金利が四％以下になるとそれを押し戻す強い力が働き、短時間のうちに四％を回復するという。つまり、資本主義社会においては、四％以下の金利は考えなくてもいいということである。

一九九〇年代半ば、政府が低金利政策をとり始めたとき、私はこれが短期間で終わるものと信じていた。事実、金融市場では金利は反転上昇し、二年後には四％の水準を回復すると予想していた。日本政府が、アメリカのような大胆な公的資金投入を行っていれば、そうなっていた可能性はあった。しかし金利はその後も低下し続け、実質的なゼロ金利が続いた。

金利収入を失った資産家が財布のヒモを締めたため、個人消費の低迷が続いた。その一方で、銀行と不動産業は息を吹き返した。西村肇氏（東大名誉教授）は、『理系白書』の中で、「製造業が稼いだ巨大な富は、それを稼ぎ出したエンジニアではなく、銀行と不動産業に流れた」と述べているが、国民が失った三九兆円の金利収入の大半は、銀行と不動産業に流れたのである。

政府は、二〇〇一年から史上最長の景気拡大を続けたと胸を張ったが、そう言うなら金利を引き上げるべきではなかったか。しかしこの時代に、公の場で金利アップを主張したのは、私が知る限り鈴木敏文氏（セブン・アンド・アイ・ホールディングス会長）と私だけだったのである。経済学者が金利アップを口にするようになったのは、二〇〇四年になってからだが、このときも有力経済学者の中には、「名目マイナス金利」を導入すべきだという非現実的なプランを提唱する人がいた。

日本の低金利は世界の金融システムを歪めた。実質金利ゼロの円を借りて、ドルやユーロで運用する〝円キャリー・トレード〟が拡大した。ひと頃週刊誌には、円キャリー・トレードのおかげで、ルーマニアで家を建てる人が増えたという記事が載ったが、ゼロ金利政策は、私から金利収入を奪って、ルーマニア人に恩恵を与えたのだ。

経済学者は、今頃になって、アメリカの住宅バブルは日本の低金利が種を播いたものだと、政府・日銀を批判している。政府も経済学者も、一〇年以上にわたる超低金利政策が、日本国に取り返しのつかない大きなダメージ――年金破綻、モラル・ハザードなど――を与える可能性があることを知っていたはずだ。しかし、金利上昇によって不利益を蒙る人たち、実際には超低金利で儲けていた人たちから圧力がかかった。銀行・不動産はもちろんこのグループに入る。しかしそれだけであれば、ある時点で超低金利時代は終わっていたのではなかろうか。

私は、日本の超低金利政策がかくも長く続いた最大の理由は、アメリカの圧力だったのではないかと考えている。日本の金利が上がれば、アメリカに流入する資金が減る。そうなれば住宅バブルは終わり、サブプライムローンが焦げ付く。だから金利は上げないでくれ――。

政府・日銀は悩んだだろう。ここで金利を上げれば、住宅バブルは崩壊する。そうなれば、日本政府はアメリカから恨まれる。しかし適当なところでバブルを潰していれば、今のような悲惨なことは起こらずに済んだはずだ。大型バブルを潰してアメリカに恨まれるのと、超大型バブルが潰れたためにＧＮＰが一〇％も減少する現在の状況のどちらがよかったかと言えば、もちろん前者である。

日米関係を考慮した政府・日銀が、金利アップに踏み切れなかったとしても、それ自体はわからないでもない。それでは、発言に制約がないエコノミストは何をしていたのか。頭がいい彼らには、このようなことになるのはわかっていたはずだ。

警告を発した人はいたのかもしれない。しかしそのような意見は、エンジニアの意見同様、黙殺された。主流派――政府系・アメリカ系と言ったほうがいいかもしれない――エコノミストの間には、政府やアメリカが困るようなことは言わないことにしましょう、という了解があったのではなかろうか。

このように考えるのは、エコノミストの間では、しばしば「こういうことにしておきましょう」、という暗黙の合意があることを知っているからである。その代表例が、「市場は自由に任せるのがベストだ」という神話である。

第三章

「金融工学悪玉論」への反論

元横綱のメッセージ

ジェットコースター

さほど業績があるわけでもないのに、私がわが国における金融工学の旗手と目されるようになったのは、ここ一〇年ほどの間に『金融工学の挑戦』と『金融工学20年』という二冊の本を書いたからだろう。

前者は、金融ビッグバンの中で注目を集めていた金融工学とは何なのかを、一般の人々に向けて紹介したものである。これに対して後者は、わが国における金融工学発展の軌跡を、エッセイふうに記したものである。この本に「20世紀エンジニアの冒険」という副題をつけたのは、金融工学に参入したエンジニアにとって、この二〇年の経験はまさに「冒険」と呼ぶに相応しいものだったからである。

バブルの真只中に設立された「投資と金融のＯＲ」研究会は、金融機関に勤めるエンジニア諸氏の支持を得て順調な航海に乗り出した。一方、黒船襲来に脅えて理工系学生を大量採用したもののの、金融機関の経営者は彼らの能力を引き出す能力を欠いていた。私は、文系上司の無理解に消耗しているエンジニアたちに同情した。

一九九〇年代に入ってバブル崩壊が始まると、金融機関の経営者は金融技術を不要不急のものとみなして、投資をひきあげた。金融工学「冬の時代」の到来である。梯子を外されたエンジニア（クオンツ）は当惑した。なかには製造業にUターンする者も現れた。大量の学生を採用しておきながら、手の平を返したように彼らを冷遇する金融ビジネスに、理工系大学は一層不信感を募らせた。金融技術の研究に取り組む工学部教授に対して、純正エンジニアたちは厳しい眼を向けていた。

ところが一九九〇年代半ばになると、金融工学は一転して「真夏の時代」を迎えるのである。橋本龍太郎内閣の「金融ビッグバン」宣言が出たのが九六年。その二年後の金融完全自由化を目前にして、九八年元旦の日本経済新聞一面に、「金融敗戦」の文字が躍った。このまま放置すれば、日本の金融機関はすべて欧米先進企業に呑みこまれる――。八〇年代にイギリスが金融ビッグバンを実施したとき、単独で生き残った銀行は一つしかなかった。これがいわゆるシティ（ロンドンの金融市場）のウィンブルドン化現象である。

日経新聞はその後一か月にわたって、日本の金融機関のダメさ加減と、金融工学の重要性をキャンペーンし続けた。このままいけば、日本はウィンブルドン化すら覚束ないというのである。

世事に疎いエンジニアも、日経新聞の一面くらいは目を通す。世界一の製造業に比べて、世界から全く取り残された金融ビジネス。唐津一教授（東海大学）は、日本の銀行など全部潰れても構わないと言うが、さすがにそれではまずかろうと考えたエンジニアは、（防衛的）金融工学に理解を示すようになった。

この結果、いくつかの有力大学で、金融工学／数理ファイナンスを研究するための組織が設立された。一九九八年に立命館大学が、数学・経済学・計算機科学の相互乗り入れで「ファイナンス研究センター」を発足させたのを皮切りに、九九年四月に東工大の「理財工学研究センター」と東大の「先端経済工学研究センター」が設立されたとき、わが国を代表する大学が金融工学研究に乗り出したことに、ジャーナリズムは拍手喝采を送った。

予想を上回る反響に後押しされた文部省は、あちこちの大学に声をかけた。「あなたがたも金融工学に取り組んだら如何ですか。我々がサポートしますから」と。ここで手をあげたのが、一橋大学と京都大学である。そして翌二〇〇〇年には、一橋大の大学院「国際企業戦略研究科経営・金融専攻」と、京大経済研究所の「金融工学研究センター」にゴーサインが出た。何年も待たされ続けた一橋のプランが、いともあっさり、しかも破格のスケールで実現したことに、東工大と東大の理工勢は憮然たる思いをかみしめた。

国立大学の動きは私学に波及した。二〇〇四年には、早稲田大学大学院「ファイナンス研究科」と、明治大学大学院「グローバル・ビジネス研究科」がスタートしている。どちらもメインテーマはファイナンスである。またその翌年には、大阪大学「金融・保険教育研究センター」と、東大「経済学研究科・金融専攻」が設置されている。

これらの動きを積極的に支援した文部科学省は、二〇〇五年には二〇三〇年にいたる二九の重点科学技術研究領域の一つとして、金融工学を取り上げている。また経済産業省も、文科省と相乗りで、大学における金融技術教育を推進するための委員会を設置している。

かくして、スタートから二〇年を経て、金融工学はわが国に定着したかに見えた。そしてその後も金融工学は順調に発展を続け、二〇〇八年四月には、全国紙が第一面で取り上げるまでになったのである。

しかしその半年後、リーマン・ブラザーズの破綻とともに、ジャーナリズムのムードは一変し、「金融工学悪玉論」が紙面を賑わすようになった。ビジネスの世界と同様、学問の世界にも栄枯盛衰はつきものである。しかしわずか二〇年の間に、ジェットコースターのような急上昇と急降下を二回も経験した分野はほかにないだろう。金融業がリスキーなビジネスであるのと同様、金融工学もまたリスキーな研究分野だったということである。

ポール・サミュエルソン教授は、「世界経済を破滅の淵に追い込んだ金融ビジネスの不始末の元凶は、米国金融当局の規制緩和と、悪魔的・フランケンシュタイン的金融工学だ」と朝日新聞紙上で発言して、我々エンジニアに衝撃を与えた。ワイドショーが金融工学悪玉説をキャンペーンするようになったのは、この記事によるところが大きい。九〇歳を超えたサミュエルソン教授からこのような発言を引き出した朝日新聞には、「サミュエルソン教授は本当にこのようなことを言ったのか」と問いただしたい思いである。

エンジニアである私は、数理ファイナンスの専門家であるシュレーブ教授や一部の金融経済学者のように、金融工学にはまったく責任がないと言うつもりはない。たしかに、エンジニアにも責任はある（その点については後で詳しく述べる）。

それにもかかわらず私は、ＭＩＴのシュミッタライン学部長が言うとおり、不始末の張本人は金融ビジネスの経営者と、彼らを育てた（アメリカの）ビジネススクールだと考えている。金融大混乱の犯人はそれ以外にもいる。強欲なヘッジファンドと、その跳梁を許した金融当局の規制緩和。そして強欲な人を生み出した、レーガン政権以降の金持ち優遇策である。

かつてアイゼンハワー大統領は退任に当たって、産軍複合体の脅威を説いた。一九八〇年代以降これに加わったのが、民主党政権下の「ＩＴビジネス・政府・弁護士複合体」と、共和党政権下の「ウォール街・政府・ＭＢＡ複合体」である。一筋縄でいかないインナーサークルによる癒着構造が、世界を脅かしてきたのである。

二度あることは三度ある

金融工学に対する逆風が最も強くなったのは、二〇〇八年暮れから〇九年のはじめにかけてである。このまま放置すれば、本当に金融工学が悪者にされてしまう。根拠のない誹謗・中傷にはきちんと反論しておかないと、それが世の中に定着してしまう恐れがある。

折から二〇〇九年一月末に、ＪＡＦＥＥ（日本金融・証券計量・工学学会）の研究集会で、「サブプライム問題と金融工学」と題する特別セッションが組まれ、この学会の初代会長を務めた刈屋武昭教授（明治大学）の特別講演が行われることになっていた。

私は降りしきる雨のなか、会場である筑波大学大塚キャンパスに出かけて行った。刈屋教授は、一五〇人を超えるエンジニアを前に、サブプライム問題を鮮やかに整理したうえで、世間における金融工学批判は（根拠のない）一過性のものであり、金融エンジニアは世の中の風評に惑わされることなく、これから先も研究に励むべきであることを強調された。

会場に集まった人たちは、概ねこの意見に賛同したようである。しかし私は、この言葉に一〇〇％同意することはできなかった。金融工学に全く責任がないとは言い切れないし、この批判が一過性のもので終わるとは限らないと思ったためである。このまま誰も正式に反論しなければ、このムードは世間に定着し、本気でこの分野の研究に取り組んでいる人に悪影響が及ぶだろう。

特に憂慮すべきは、冒頭に紹介したハードコア・エンジニアの反応である。もしエンジニア集団の間で、「金融工学は強欲な人に奉仕するための学問だ。そもそも金融工学は学問と言えるのか」という論調が力を得ることになれば、理工系大学で金融工学研究をやっている人が意気阻喪するだろう。そうなれば日本の金融工学の灯は消える。

刈屋教授が反論しないのであれば、経済・統計系の人はだれも反論しないだろう。彼らがやらなければ、もちろんエンジニアもやらない。誰もやらないなら、私がやるしかない。こう考えた私は、大急ぎでこの本の執筆にとりかかったというわけである。

金融工学はこれまで二回のアップダウンを繰り返してきた。「二度あることは三度ある」のたとえ通り、再び金融技術に期待される日が必ずやってくる。世の中におカネというものがなくならない限り、「将来の不確定なキャッシュフローの計量と制御」に関する研究の重要性がなくなることはないからだ。

アメリカの金融ビジネスは、一旦崩壊の危機に瀕したが、再び収益を上げ始めている。彼らはまた（性懲りもなく）、新しい金融技術を作り出すだろう。アメリカの轍を踏まずに、日本は独自の道を歩むべきだと主張する人はいるだろう。しかし、彼らが新技術で攻め込んでくるときに、丸腰で対応すれば敗戦は間違いなしだ。我々はこの逆風の中でも、技術を磨いておかなくてはならない。そのためには、エンジニア集団の理解を得ておくことがどうしても必要なのである。

強欲な人たち

ダウジョーンズ・インデックスが、はじめて一万ドルを超えた一九九九年三月末、私はウォール街に近いコロンビア大学にいた。JAFEEとコロンビア大学が共同主催したシンポジウムの開会スピーチでこの事実に言及したことを、私は今も鮮明に記憶している。

「九・一一事件」で急落したものの、その後ニューヨーク市場は順調に回復し、二〇〇七年には一万四〇〇〇ドルの大台を超えた。一九九五年には五〇〇〇ドル台だったのだから、一二年にわたって年平均八%の成長を遂げたことになる。これに配当を加えれば、インデックス運用で年一〇%に近い収益が得られたわけだ。

平均的日本人は、年五%程度の収益で十分満足するだろう。大多数のアメリカ市民も一〇%の収益で満足していたのではないだろうか。しかしアメリカの金持ちは違う。彼らは我々が考えているより、遥かに欲張りである。

かつてゴールドマン・サックスに勤務した経験をもつ神谷秀樹氏の『強欲資本主義 ウォール

街の自爆』（文春新書、二〇〇八年）には、「ウォール街の住民の強欲度の水準は、我々日本人が日本人社会の中で考える『強欲』の感覚の三乗のレベルにある」と書かれているが、事実ヘッジファンドに投資している金持ちは、年四〇％の収益を要求するという。

四〇％の配当を出すためにやることは、銀行借入で資金を三〇倍に拡大したレバレッジ運用である。その成果は上がった。ある有力ヘッジファンドの経営者の二〇〇七年の年収は、二〇〇〇億円に達したという。

アメリカ人が日本人よりおカネに敏感だということを知ったのは、一九七九年にパデュー大学のクラナート・マネージメントスクール（ビジネススクールの一種）で半年を過ごしたときである。当時のアメリカでは、三か月の定期預金に年一〇％近い金利がついた。またＭＭＦ（マネー・マーケット・ファンド、日本でいう投資信託の一種）と呼ばれる商品に投資すれば、一五％以上のリターンが得られた。

この状況の中で、アメリカの中産階級は投資に狂奔していた。

安全な定期預金で一〇％の利息が手に入るなら、リスクを取ってそれ以上を求めなくてもいいのではないかと思ったが、同僚の教授は、たとえ一％でも有利な投資があれば、それに乗らないのはバカだと言っていた。その通りかもしれないと思ったが、おカネに鈍感なエンジニアは、右から左に動かすほどの資金も時間もなかった。高金利は間もなく終わったが、この頃を境にアメリカはおかしくなった、というのが私の印象である。

一九八一年一月に就任したレーガン大統領は、「ラッファー理論（経済学者アーサー・ラッファーが提唱した、減税の正しさを証明するための理論。最適な税率の設定により政府は最大の税収を得ることができるというもの）」に基づき、高額所得者の所得税を大幅に軽減した。税制をフラット化し、高額所得者も二五％の所得税でオーケーという制度の背後には、「向う岸理論」があると言われたものだ。

「我々には三億人の国民を豊かにする力はない。この際、有能な人たちのインセンティブを高めて、向う岸に渡ってもらいましょう。そして貧しい人々は、彼らの力で引っ張りあげてもらいましょう」という理論である。もし有能でお金持ちな人たちが、「金持ちのまま死ぬのは恥だ」と言ったアンドリュー・カーネギーのように人格高潔であったなら、この戦略はうまくいったかもしれない。

しかしウォール街の住民は、「バック・トゥー・ザ・フューチャー2」に登場する、悪童ビフのような人たちだった。短期的利益の最大化を図り、「今日の利益は僕のもの、明日の損失は君のもの」と嘯いて大金を懐に入れ、四〇代の若さでリタイアしたあとは、アリゾナのリゾートでドーベルマンとガードマンに守られて半年を過ごし、残りの半年はクルーザーで地中海を周遊しようという人たちだ。

片や、ガソリンが一ガロン一〇〇ドルを超えても困らない人と、片や洪水が襲ってきても逃れる足さえ持たない超貧民。小林由美氏の『超格差社会アメリカの真実』（岩波新書、二〇〇八年）には、その実態がビビッドに描かれている。

アメリカでは、上位一％の人が四〇％の金融資金を保有していると報道されたのはついこの間のことだが、二〇〇八年には、何と上位四〇〇人が五〇％を独占しているというから驚くしかない。

限りない金銭欲

金融工学の専門家を目指した私は、金融工学を単なる計算に過ぎないと見なしている経済学者と、金融工学は学問ではないと考えているエンジニアたちに金融工学を認知してもらうため、一日も早く世界レベルの研究成果を出す必要があった。

敵に囲まれ馬鹿力が出たおかげで、一年後にはヒット作「平均・絶対偏差モデル」が誕生した。幸運は続けてやってきた。一万人に一人の天才・白川浩氏が、我々のチームに加わったのである。

そしてこの天才は、一年もしないうちに、金利オプションに関する画期的な論文を発表して、世界的な注目を集めた。

「投資と金融のＯＲ」研究会における、年三回の研究発表というノルマを達成すべく頑張った甲斐あって、今野・白川チームは三年間で二ダース以上の論文を量産した。これらの成果を携えて世界の舞台に乗り出した私は、多くのファイナンス研究者と知り合いになった。

アメリカの大学で、医学部教授に匹敵する高給をもらっているのは、ビジネススクールの教授たちである。そしてそのビジネススクールの中でも、ファイナンス教授は最も高い給料を手にしている。たとえば一九九〇年代はじめ、中西部の二流ビジネススクールのファイナンス助教授の初任給は八万ドル、これに対して、工学部助教授の初任給は六万ドル以下だった。

個人的に言葉を交わした（一流の）ファイナンス研究者約五〇人の内訳は、経済系と理工系が半々だったが、私は経済系の人とは波長が合わなかった。出発時点で経済学者から厳しく批判されたこともさることながら、経済系の人の周りには、おカネに対する強い執着心が漂っていたからである。

たとえばＣＡＰＭを生み出したウィリアム・シャープは、スタンフォード大学を休職して、投資顧問会社「シャープ・アンド・ティント社」の経営に精出していたし、ブラック＝ショールズ公式のマイロン・ショールズも、スタンフォード大学を辞めたあと、ソロモン・ブラザーズの債券部長を経て、ヘッジファンドLTCMの経営陣に納まっていた。シャープ、ショールズほど華々しくはないものの、経済系の人のかなりの部分は、彼らを手本に自己資本拡大に励んでいた。

ファイナンスの研究をやっている人は欲が深い、という話は何度も耳にしていた。古くはシカゴ大学のアラン・ブルームが、『アメリカン・マインドの終焉』の中で、金融経済学者の無限の金銭欲を批判しているし、先輩のマイケル・ハリソンは、「彼ら（ファイナンス研究者）は強欲で冷酷だから気をつけたほうがいい」と忠告してくれた。これには私にも思い当たる節があった。

若い頃からファイナンスの専門家を目指そうと考える人は、もともとおカネに強い関心がある人ではなかろうか。ファイナンス理論に限らず経済学では、人間の欲望には限りがないことが前提されている。英語で言えば、non-satiation の前提である。だから経済学者は、人間の欲深さを容認する。アメリカでは、おカネ儲けをしないファイナンス研究者は、歌を忘れたカナリヤだと言われることすらある。

バブル崩壊の直前、高名なZ教授がサバティカル休暇を取って、日本の大学を訪れた際のことである。大学だけでなく、おカネ持ちの証券会社からも、かなりのコンサルティング料をもらっているはずなのに、アルバイト口を斡旋してくれないかと頼まれた私は、思わず「なぜそんなに稼がなくてはならないのか」と聞いてしまった。答えは、「子供の学費と女房の学費、母親の医療費、住宅の光熱費など、あれこれカネがかかるんだよ。Big income for big spending!」というものだった。

たしかにアメリカの教育費は高い。スタンフォードやMITの学費は年四万ドルもする。国民保険制度がないアメリカでは、医療費もメチャメチャ高い。四〇年前の留学生時代、虫歯を一本抜いてもらったところ、歯科医の診断料が五〇ドル、抜歯専門医の抜歯料が五〇ドル、合計一〇〇ドル（当時のレートで三万六〇〇〇円）、日本での月給を上回るおカネを取られた。今なら一〇〇〇ドル取られても不思議はない。

一エーカーの土地とプールつきの豪邸なら、固定資産税だけで毎年一万ドル以上取られるだろう。光熱水道料も大きい。大学からの給料二〇万ドル程度では足りないかもしれないが、一〇〇万ドル稼ぐ必要はあるのかと聞けば、〝もちろんだ。non-satiation!〟と答えるだろう。「カネで買えないものはない」とはホリエモンの言葉だが、「カネがなければ火星旅行はできない。カネがなければクローン人間になって永遠の生命を手に入れることもできない」。こうでも考えない限り、アメリカに住む超カネ持ちの、無限の金銭欲を説明することはできない。

ヘッジファンドという妖怪

神谷秀樹氏の『強欲資本主義　ウォール街の自爆』には、ゴールドマン・サックスをはじめとする投資銀行（証券会社）の強欲さが詳しく紹介されている。「今日の儲けは私のもの、明日の損失は君のもの」とばかり、短期的利益をベースに、巨額のボーナスをほしいままにする経営者。「M&Aをアドバイスする際に、顧客に高い買い物をさせたときにどう思うか」とMBA学生に質問されて、「高く買わせれば手数料が沢山入るから望ましい。そのうえ、高い買い物をさせればいつか売りに出すから、そのときまた手数料が入る」と言い放った幹部社員。

私が知っているゴールドマンは、ペリー・メーリングの『金融工学者：フィッシャー・ブラック』（日経BP社、二〇〇六年）に描かれた、一九八〇年代のゴールドマンである。たしかにこの頃も、ゴールドマンは高い収益を挙げていたが、『フィアスコ』で告発されたモルガン・スタンレーや、『メイク・マネー』のソロモン・ブラザーズなどとは、一線を画する経営方針をとっているように見えた。

なぜなら、MITからゴールドマンに移ったフィッシャー・ブラック博士は、次々と独創的な研究成果を生み出していたからである。一九八〇年代末の来日の際、「MITよりゴールドマンのほうがずっと研究環境がいい」と言っておられたが、このような立派な人が経営陣に加わっているからには、ソロモンのような阿漕(あこぎ)なことはやっていないだろうと思ったのである。

しかし神谷氏の著書を読むと、ゴールドマンは八〇年代半ばから変わり始めていたようである。そして今や、ゴールドマンを世界最大のヘッジファンドと呼ぶ人までいる。では、なぜそうなったのか。それは規制緩和によって、それまで辛うじて抑えられてきた「強欲」が、ヘッジファンドからウォール街全体に広がったからではないだろうか。

ヘッジファンドというのは、一九四九年の「ジョーンズ・ファンド」以来、六〇年の歴史がある。これは少数の富裕層を相手にする資産運用会社で、その特徴はファンドマネジャーに対する成功報酬制度と、銀行借入やデリバティブ手法を用いた「レバレッジ運用」である。

第四章で述べるとおり、アメリカでは年金基金に対しては、ＥＲＩＳＡ法（The Employee Retirement Income Security Act：従業員退職保障法）に基づく様々な規制がある。しかしヘッジファンドは、少数のお金持ちを相手にするものであることを理由に、規制の対象から外されてきた。

ヘッジファンドの中で特に有名なものとして、ジョージ・ソロスの「クォンタム・ファンド」やジュリアン・ロバートソンの「タイガー・ファンド」などが知られているが、投資の神様と呼ばれたジョン・メリウェザーが、一九九四年にマイロン・ショールズ、ロバート・マートンらと設立したLTCMは、数あるヘッジファンドの中でも突出した収益を挙げていた。社員は一七〇人に過ぎないが、ピーク時には六〇〇〇億円の資産を元に、銀行借入によって二〇兆円の株や債券と、想定元本三〇兆円を超えるデリバティブを動かしていた。借入は自己資金の三三倍である。

これらの資金を元に行った裁定取引で、一九九五年には四三%、九六年には四一%の配当を行っている。ところが九八年に発生したロシアの金融危機のあおりを受けて、巨大な損失が発生した。レバレッジのおかげで、損失も三三倍に膨らんだのである。

裁定取引で連戦連勝を続けたファンドマネジャーたちは、自らの成功報酬を目当てに、ロング・タームならぬ〝ショート・ターム〟で、ヘッジ（損失回避）運用ならぬ〝ギャンブル〟運用で大きな利益を得ようとして、分散投資ならぬ〝集中投資〟を行っていたのが裏目に出たのである。

まことに自業自得というしかないが、倒産させたら影響が大き過ぎるという理由で、FRBはLTCMを救済した。自己責任のはずの私企業を救済した政府のやり方に批判が集まったのはもちろんである。

この事件を契機に、ヘッジファンドに対してより強い規制を施すべきだ、という意見が強まった。また投資家は、ヘッジファンドから資金をひき上げたと言われる。しかし私は、これが一時的なものに過ぎないと考えていた。二〇〇〇年に出した『金融工学の挑戦』の中で、私は以下のように書いている。

×　×　×　×　×　×　×

ヘッジファンドに資金を預ける人は、一時的には減るであろう。しかし規制を強くすれば、ヘッジファンドは国籍を離脱してオフショアに逋れるであろうし、ほとぼりがさめれば、巨利を夢見る強欲な投資家は、再びヘッジファンドに群がるかもしれない。アメリカが強欲を不徳と考えるようにならない限り、またこのような事件が繰り返されるのではないだろうか。

こう考えていたところに、最近の新聞報道では、死んだはずのＬＴＣＭがまたまた活動を開始することになったらしい。「一旦失敗したヘッジファンドに資金が集まるかどうか不明である」と新聞記事は結んでいたが、強欲な投資家たちは、彼らの復活に拍手を送っているに違いない。

×　×　×　×　×　×　×

この予想は当たった。ＣＦＴＣ（商品先物取引委員会）のブルックスレー・ボーン委員長の、「デリバティブ取引を規制すべきだ」という主張は、ＦＲＢのアラン・グリーンスパン議長やＳＥＣ（証券取引委員会）によって退けられ、その後も彼らは野放しにされた。この結果、従来は堅実な運用を行ってきた機関投資家が、資金の一部をヘッジファンドに委託するようになった。

ＥＲＩＳＡ法は年金資金がリスキーな運用を行うことを禁じているが、リスキーな運用をしているヘッジファンドへの投資は、「オールタナティブ投資」という言葉の下で容認された。またヘッジファンドだけが儲けているのはケシカランと考えた投資銀行は、ロビイストを使って政府に規制緩和を迫った。そしてあっという間に、彼らも従来の四倍に当たる、三三倍のレバレッジを取ることができるようになった。かくして二〇〇四年以降、アメリカの機関投資家は、軒並みヘッジファンドの仲間入りを果たしたのである。

二流のビジネススクール

私がビジネススクールという存在を意識するようになったのは、一九六八年にスタンフォード大学ＯＲ学科に留学してからである。この学科の一八人の教授のうち、四人がビジネススクールを本籍とする人で、博士号を取得した学生の中で最も優秀な人は、全米トップクラスのビジネススクールにスカウトされていた。

ビジネススクールの授業料は工学部の二、三割増しで、教授の給料も工学部に比べて割高である。またＭＢＡ（経営学修士号）を取得した人たちは、一流企業に幹部候補生として迎えられ、エンジニアとは比較にならない高給を取るという噂だった。

授業料が高いだけあって、MBAカリキュラムは工学部の修士プログラムよりずっときつそうに見えた。工学部の場合は、少々頑張れば一年で修士号が取れるのに対して、ビジネススクールでは丸々二年にわたって、毎週膨大なレポートを書かされる。後年大銀行の頭取になった日本人のK氏は、「土・日も一四時間以上勉強しなければ追いつけない」と言っていた。

私と同じ頃に、ハーバードやMITのビジネススクールに留学していた友人の話を聞いても、一流のビジネススクールはどこも、〝まともな〟人の集まりだった。少なくともこの時代のビジネススクールには、「強欲のインキュベーター」という趣きはなかった。

MBAプログラムは、一九〇八年にハーバードが開設して以来一〇〇年の歴史があるが、アメリカでMBAが権威を持つようになったのは六〇年代以降である。そして五八年には四〇〇〇人程度だったMBA取得者は、二〇年後の七八年にはその一〇倍に膨らんだ。

一九七九年に半年を過ごしたパデュー大学のビジネススクールは、設立されて二五年の歴史しかない後発スクールで、ビジネス・ウィーク誌のランキングでは、二〇位から三〇位の間を上下していた。シカゴ大学ビジネススクールに勤める、スタンフォード大学OR学科の先輩は、「学生の数学力は、プアを通り越してミゼラブルだ」と言っていたが、一流のシカゴですらそうなのだから、ここの学生の学力はもちろんミゼラブルだった。そのせいか、ここで採用されているORの教科書は、基本をスキップして結果だけを教えるというスタイルだったし、教科書全体に、短期的収益の最大化を目指すべしという記述があふれていた。

一つ例をあげよう。

ORや経営科学の教科書の中で、最も多くのスペースを割り当てられているのが、「輸送問題」である。「全米各地にある五〇のビール工場から、これまた全米各地の一〇〇〇か所の消費地にビールを輸送する際に、どの工場からどの消費地にどれだけのビールを運ぶのが最も安上がりか？」。これが輸送問題である。ビール会社に限らず、商品の輸送はどのようなビジネスにも共通する重要な問題である。

輸送コストを減らすには、なるべく需要地に近い工場から運べばいい。しかし最も近い工場の生産能力が十分でないときには、二番目に近い工場から送らなくてはならない。また二番目の工場の供給力が足りないときには、三番目、四番目も候補としなくてはならない。そして運が悪いと、サンフランシスコからコロラドまで運ぶことになるかもしれない。

この問題を解く方法としてよく知られているのが、「単体法」である。一九四七年に提案されたこの方法は、はじめのうちは小規模な問題しか解けなかったが、その後六〇年にわたる改良を経て、現在では工場が五〇、需要地が一〇〇〇程度の問題なら、パソコン上で一〇秒以内で解くことができる。

さて、工場の供給量の合計が需要合計を上回っているときには、すべての需要を満たすことができる。では、需要合計が供給総量を上回るときはどうか。

この場合、すべての需要を満たすことはできない。ORの理論家に相談すれば、「この問題には答がありません」と宣言しておしまいである。しかし、現場を預かる輸送担当マネジャーは、それで済ますわけにはいかない。ではどうするか。ビジネススクールの教科書が推奨するのは、次のような〝賢い〟方法である。

需要が供給をオーバーしているときは、需要と供給をひっくり返して、需要地から工場にビールを「逆輸送」する問題を考えるのである。たとえば、オレゴン州ポートランドにある工場の供給量が一日五万リットルで、シアトルの需要量が一日一〇万リットルだったとする。このとき、シアトルに一〇万リットルの供給能力を持つ工場があって、ポートランドの需要量が五万リットルであると読み替えるのである。

こうすれば、総供給量が総需要量を上回る（そうですよね！）。ここで単体法を使えば、最も安いコストで需要を賄う輸送方法が求まる。もとの問題で考えれば、需要地から工場に向かって、総供給量に等しいビールを最も安く〝逆輸送〟する方法が求まったというわけである。ここで再び供給と需要を逆転させると、「総供給可能量を、最も安く需要地に運ぶ方法」が得られるという仕掛けである。

はじめてこの説明を読んだとき、私は腰を抜かすほど驚いた。そして数秒後には、アメリカ的・ビジネススクール的経営の本質はこれなのだ、と膝を打ったのである。

何でそんなに驚いたかと言えば、この方法を使うと、どの工場からも遠い消費地、たとえばノースダコタ州やワイオミング州の人は、全くビールが飲めなくなるかもしれないからである。コストさえ少なければ、僻地の消費地はどうなっても構わないという、短期的利益を重視する〝資本の論理〟である。

ビールなら飲まなくても生命に別状はない。しかしこれが灯油だったらどうか。ノースダコタの人は凍えて死ぬかもしれない。しばらく前にアメリカの電力会社が供給不足に陥ったとき、どの町から順番に電力供給をカットしていくかを（極秘で）研究しているビジネススクール教授がいるという噂を耳にして、はてさてどんな方法を使うのだろうかと思ったことがあるが、この方法を使っているのかもしれない。

この方法は、短期的コストを小さくするという意味では理に叶っている。しかし供給をカットされた消費者は、それ以後この会社のビールを買ってくれないかもしれない。日本のビール会社であれば、このようなことはしない。長期的利益を考える経営者なら、まず従業員に休日を返上してもらうなどして、生産量を増やす努力をするだろう。それでも間に合わないときは、社員があちこち飛び回って、顧客に需要カットをお願いする。それでもダメなら、外国から代替商品を緊急輸入して、割安で販売する。エトセトラ。

いずれにせよ、岩手や熊本に一缶もビールが届かない、というようなことは絶対に避けるのではないだろうか。

逆輸送法には問題が多いが、学部長（教科書の著者はこの人である）との約束があるので、教科書通りの説明を行ったあと、この方法の問題点を指摘したうえで、レポートを書いてもらった。一〇〇人の学生のうち六〇人は、予想通り「逆輸送方式」に賛意を示した。残りの四〇人は、

①超過勤務などによって供給力増大を図る。
②消費者に何％かの需要カットをお願いする。
③価格値上げによって需要の自然減を狙う。
④ビールをアウトソーシングする（バドワイザーにクアーズのラベルを貼って売る）

など、よりまともな方法を提案してくれた。

レポートを読んだ後、私はこれらの代案を紹介して、再度学生たちの意見を聞いてみた。その結果、驚くべきことに、依然として逆輸送方式が最大の支持を集めたのである。

このあと私は、日本の大学で輸送問題を講義するたびに、学生の意見を聞くことにしているが、工学部の学生の大多数は、「第一にすべきことは生産力増強」と答えている。一方、外国人相手の講義でも同様な調査を行ったが、アメリカ人学生の多くは、逆輸送方式を支持している。これは日本人とアメリカ人の違いなのか？　それとも、工学部とビジネススクールの違いなのか？

リーマン・ショックが起こる一か月ほど前、私は約三〇年前に筑波大学情報学類（計算機科学科）を卒業した学生諸君と、一杯やる機会があった。その中の一人が、売り上げ二〇兆円を超える大自動車メーカー（の子会社）の重役を務めていると知って、この問題について聞いてみた。

すると、

「逆輸送方式に決まっているでしょう」と答えが返ってきたのである。驚いた私は、

「I県の人は、車が買えなくてもいいんですか？」と尋ねた。

「I県はともかく、その左側のA県なら問題ないでしょう」

「A県ならいいんですか？」

「あそこで売れなくても、ウチとしてはほとんど影響ありませんからね」

グローバル経営の自動車メーカーは、どうやらアメリカ並みの合理的な経営をやっているようだ。

二流ビジネススクールの教科書や教官には問題が多いと思ったが、学生はまじめで純朴だった。ハーバードやＭＩＴの学生のようないい仕事にはありつけない、とぼやいていたが、熱心に講義を聞き、懸命に宿題に取り組む姿勢には好感が持てた。

一流のビジネススクール

ところが半年の講義を終えて、日本に帰る途中の飛行機の中で出会った、一流ビジネススクール出身のコンサルタントは、彼らとはまったく異なる人種だった。機内食を食べながら、このビジネスマンは私に話しかけてきた。

「大学関係の方ですか？」

「そう見えますか。八月末から、パデュー大学のビジネススクールでＯＲを教えていました」

「ＯＲですか。学生時代に習いましたが、難しくてよくわかりませんでした」

「ＯＲを勉強なさったということは、ビジネススクールのご出身ですか？」

「バークレー（カリフォルニア大学）のハース・スクールです。パデューはいかがでしたか？」

「バークレーとは比較になりませんが、学生はよく勉強していましたね」

「日本の学生はどうですか」

「理工系はともかく、文系の学生はあまり勉強しませんね。日本へはビジネスですか、ご旅行ですか？」

「コンサルティング会社に勤めていますが、ここ三年は日本勤務です」

「ボストンとかアンダーセンとか」

「そんなところです」

「どんな企業が相手ですか」

「業種はいろいろですが、日本企業はいいお客さんです。我々の提案を素直に受け入れてくれるし、カネ払いもいいですしね。頭がいいのだから、外部のコンサルタントなど雇わなくてもいいのに、我々に稼がせてくれるのだから有難いです」

「しかし日本語がわからないと、企業の実態を調べるのが大変じゃないですか」

「いろいろなケースを扱ったサンプルがありますから、それを適当に組み合わせてレポートを作り、あとはプレゼンをうまくやばいいのです」

「そうですか。日本人がアメリカに弱いところを利用するわけですか」

「否定はしませんね。話は変わりますが、あなたの退職後のプランを聞かせていただけませんか」

「退職後のプランですか？ 二〇年も先のことなど、考えたこともありませんね」

「それは驚きましたね。私の仲間は何年も前から、リタイア後の計画を練っていますよ。私はこの間三六歳になりましたが、四五になる前にリタイアしようと思っています。一〇〇万ドル貯めれば、利息と年金で優雅に暮らせますからね」

「今のような金利高は、そう長くは続かないでしょう。年金だって四五歳で引退するとなると、そんなに沢山は出ないでしょう」

「普通にやっても年一〇％くらいでまわせますよ。それにうちの会社は、結構いい年金を出してくれますからね」

「そんなに早くリタイアして何をやるんですか？」

「大型ヨットを買って旅行するんです。ボストンからセント・ローレンス川をさかのぼって五大湖に出たあと、ミシシッピを下ってニューオルリーンズ、それからカリブ海、大西洋を通ってボストンまで」

「どのくらい時間がかかるんですか？」

「ざっと六か月くらいですかね」
「あとの六か月は何をするんですか？」
「またはじめからやるんです。飽きたら南米や地中海があります。行きたいところはいくらでもあります。いやなことは早くおしまいにして、体力があるうちに人生を楽しむつもりです」
「そりゃすごい。四〇になる前から、そんなことを考えている日本人は、一万人に一人もいないんじゃないですかね」

この男は二〇年かそこら働いただけで、あとは遊んで暮らそう、しかもその資金はお人よしの日本人から掠め取ろうというのだ。西洋人にとって、仕事はoccupation、即ち、やらずに済ませたいものだそうだが、一流ビジネススクールの出身者は、全員とは言わないがこんなふうに考えている人が多いのだろう。

ビジネススクールはその後も増え続け、二〇年後の一九九八年には、アメリカだけで毎年一〇万人を超えるＭＢＡが生産されるようになった。四〇年前に比べると二五倍に増殖したのである。ヘンリー・ミンツバーグ教授（マギル大学）が二〇〇四年に書いた『Managers Not MBAs』（邦訳『ＭＢＡが会社を滅ぼす』日経ＢＰ社、二〇〇六年）には、次のような記述がある。

「ＭＢＡの大半は、顧客や従業員、製品や工程に関する現場の知識をろくに持っていない。それなのに、それらの知識を持っている人たちを管理することを期待されている。広範な現場経験を積むという唯一の方法でその知識を身につけた人たちが、MBAという肩書きがないというだけの理由で、次第に出世コースからはずされ、本来その資格がない人の『リーダーシップ』に従うことを強いられている——」

かつてのアメリカは、才能があれば誰でもトップになれるはずの国だった。だからこそ世界中から優秀な人が集まってきたのだ。MBAでなければトップになれないような国に、未来はない。

しかし一〇万人のMBAのうちで、特に恵まれた待遇を受けることができるのは、ハーバード、シカゴ、ウォートン、MIT、スタンフォードなどのベストテン大学を出た人だけで、二〇位以下の大学の出身者は、特にいいことはないという（一〇万人の中には、中央大学の経営システム工学科を下四分の一の成績で卒業した学生でも入れてもらえる、オクラホマ州の某ビジネススクールが含まれているのだから当然の話だ）。

ベストテン大学のMBAの半数以上は、投資銀行とコンサルティング会社に就職し、株主の短期的利益最大化のための経営を実践する。MBAにあらずんば人にあらず。これらの企業の経営陣に加わりたければ、いったん仕事をやめて、ベストテン大学のMBAコースに入りなおさなくてはならないのである。

エンジニアの責任

アメリカの金融機関はＭＢＡに支配されている。そのような組織に勤めるエンジニアは、仮に（ＭＢＡより高い学位である）Ph.D.を持っていても、彼らの指示通りに働かなければならない。

投資銀行で、サブプライムローンを束にした「住宅ローン担保証券（ＲＭＢＳ）」の価格付けをする（させられる）のは彼らである。第五章で述べるとおり、この種の商品のリスクを計量するのは難しい。金融エンジニアが、「リスク構造がよくわからない商品の価格付けは難しい」と言ったところで、入り口をかじっただけで、金融工学を理解したつもりになっているＭＢＡ経営者は耳を貸さない。最後まで「できません」と言ったらクビになる。クビになれば、誰かが代わって適当にやるだけだ。だからできないことを承知で適当にやる。

格付け会社も全く同じ構造である。証券化商品の格付けはとても難しい。これらを組み合わせた合成証券の格付けは、難しいの三乗である。しかし「できない」と言えばクビになる。だから無理を承知で適当にやる。

機関投資家にとって、これらの商品を束ねてポートフォリオを組むのはさらに難しい。一千万変数の線形計画問題を解いたところで、その結果が信用できるとは限らない。だから適当にやるしかない。

幸い金融当局は、金融ビジネスに対して極めて寛容である。危ない商品を売った投資銀行も、適当に格付けした格付け会社も、適当に運用した機関投資家も、お咎めを受けることはない。膨らんだ貪欲マシーンが、どんどんバブルを拡大する。そして……。

カーネギー・メロン大学のシュレーブ教授は、「金融工学やエンジニアに責任はない」と言い切っている。しかし私は、エンジニアにも責任の一端はあると考えている。彼らはできるはずがないことをやらされて、結果的に強欲なMBA経営者を支援したからだ。

エンジニアは、役に立つことなら何でもやる。エンジニアは仲間や上司から頼まれたことは断らない。エンジニアは、不可能と思われることにもチャレンジする。私はこれをエンジニアの美徳だと考えている。しかし悪質なMBA経営者の下では、この美徳は裏目に出る。

今回の大破局を生み出したのは、ウォール街・政府・MBA複合体である。彼ら一級戦犯は絞首刑になっても仕方がない。ところが彼らは巨額のボーナスと退職金を手に入れ、「向う岸」に逃げ切った。そして今ごろは、アリゾナのリゾートか「クイーン・エリザベス2世号」で、優雅な生活を楽しんでいるだろう。

一方、下働きをさせられたエンジニアはどうなったか。「向う岸」に渡った人は、数えるほどだろう。裏方を務める彼らは、世間で言われているような高額報酬を手にすることはできなかったからである。第二次世界大戦のときの日本兵と同様、まことに損な役回りを演じさせられたものである。

それでは、日本の金融機関に勤めるエンジニアはどうか。なかには、リスキーな商品（仕組み債など）を設計し、欲張りで無知な人たちに売りさばく手伝いをしたエンジニアがいたことは事実である。たとえばK大学やO工業大学は、攻撃的金融工学で知られる某証券会社の口車に乗せられて、一〇〇億単位の損失を出している。

しかし、その規模はアメリカの投資銀行に比べれば、まことにささやかなものである。大多数のエンジニアは、アメリカの強欲で攻撃的な投資銀行のカモにされないための、「防衛的」金融工学に携わってきたのである。

日本の金融機関は、典型的な文系上位社会である。金融エンジニアはアメリカ同様、文系上司のリーダーシップに従うことを強いられる。しかし幸いなことに、日本はMBA社会ではない。日本の経営者の九五％は、金融技術に無知と言ってよい。無知な人は、しばしばエンジニアを悩ませはするが、〝ビジネススクール流勉強法〟で、金融技術についてわかったつもりになっているアメリカのMBAよりはましだ。

日本の金融エンジニアは、アメリカの金融エンジニア並みの実力を持っている。そして彼らは次章以下で紹介する、真っ当な技術を磨いてきた。エンジニアが実力を十分発揮できないのは、悪いＭＢＡ上司はいなかったものの、無知な文系上司の〝リーダーシップ〟に苦しめられてきたためである。

望むらくは、一日も早く、金融技術に精通しているエンジニアが、金融機関の経営陣に加わることである。有能でモラルが高い経営者のリーダーシップのもとで、エンジニアが（防衛的）金融技術を磨けば、わが国の金融ビジネスは、欧米の強欲金融ビジネスに十分対抗できるはずである。

「金融工学悪者説」に答える

ここで、サミュエルソン教授の「金融工学悪者説」に答えよう。

ここから先の章で説明するように、金融工学にもいろいろなものがある。資産運用技術や信用リスク計量技術、そしてプロジェクトや企業評価技術は、金融機関だけでなく一般の企業にも不可欠な技術である。

またデリバティブや証券化も、リスク管理上役に立つ技術である。もし先物取引が禁止されれば、パン屋さんも豆腐屋さんも小麦や大豆の価格変動に翻弄され、本来のビジネスに集中できなくなる。証券化も適正に使用されれば、経済の活性化に役に立つ技術である。

その一方で、使い方を誤れば、これらは核兵器にも転用できる〝危うい〟技術である。しかし危うい技術は、金融技術に限るわけではない。化学薬品、爆薬、バイオテクノロジー、遺伝子工学、レーザー光線などは、いずれも使い方を誤れば、人の命を脅かすものである。

だから、これらの技術に対しては厳格な規制がある。一方、金融技術に対する規制は、きわめて緩やかである。恐らくそれは、おカネが〝人命にかかわるもの〟ではないからだろう。しかしそれは、「社会の命」に関わるものである。そのような技術には、社会的規制がかけられて当然である。たとえば、リスク・リターン構造がわからない、複雑な投機目的のデリバティブ取引は規制すべきである。

しかしそれにもかかわらず、「将来の不確実なキャッシュフローの計量と制御」を目指す金融工学の必要性は、増大することはあっても減少することはないだろう。金融工学に携わるものは、「金融工学悪者説」に惑わされることなく、〝より堅固な橋〟を築く努力を続けなくてはならないのである。

第　四　章

金融工学の出発点

市場リスクの分析

平均・分散モデル

「市場リスク」とは、市場で取引されている商品（株式、債券、デリバティブ、農産物、原油など）の価格変動に付随するリスクのことを言う。「市場リスク」を論じるにあたって最初に取り上げるべきテーマは、ハリー・マーコビッツの「平均・分散モデル」である。

マーコビッツは、資産を運用する際には、そこから得られる不確実な収益の平均値——これは大きいほうが望ましい——と、収益のバラツキ具合を表わす分散——これは小さいほうが望ましい——をバランスさせることが重要であるという立場から、「平均・分散モデル」を提案した。より具体的に言えば、「平均的収益が同一の資産の組み合わせ（ポートフォリオ）の中では、分散（リスク）が最小になるものを選択すべきである」とするアプローチである。

リスクの指標として、誰でも知っている「分散」を採用したことが幸いして、このモデルは実務家たちの支持を得た。しかしその一方で、（第一章で述べたとおり）経済学者からは厳しい批判を浴びた。

第一の批判は、このモデルは個々の投資家の行動に関する指針を与えるだけであって、経済学上の問題を扱ったものではないというものである。経済学が取り扱うべき問題とは、「合理的な投資家が集まる資本市場において、資産価格がどのように決まるか」とか、「どのような条件のもとで、需要と供給がバランスするのか」といった問題であって、個々の投資家の投資行動に関する研究は、経済学が取り上げるに値しない〝つまらないもの〟だというのである。

経済学者からクレームがついた平均・分散モデルだが、個人や組織の意思決定問題を扱う学問領域であるオペレーションズ・リサーチ（ＯＲ）の世界では高い評価を受け、ノーベル経済学賞に先立って、マーコビッツはＯＲのノーベル賞と言われる「フォン・ノイマン賞」を受賞している。

二〇世紀末以来、選考基準に偏りがあるという批判を浴びたノーベル経済学賞選考委員会は、基準をやや緩めて、個人やグループの経済行動を分析する「行動経済学」にも賞を与えるようになったが、経済学王国においてこの種の研究は、依然として傍流の地位に止まっている。

期待効用最大化原理

平均・分散モデルが経済学者から批判された第二の理由は、このモデルが経済学の基本原理である、フォン・ノイマンの「期待効用最大化原理」との斉合性を欠いているという問題である。

ジョン・フォン・ノイマンは、後にノーベル賞を受賞する六人の学友たちを足元にも寄せ付けなかった大天才で、数学・物理学・経済学・OR・計算機科学・気象学などの分野で画期的な業績を挙げた。応用数学・数理工学を専門とする人間にとって、フォン・ノイマンはガウスと並ぶスーパースターである。

さて、この人が、今再び経済学の中心課題となっている「ゲーム理論」を構築するにあたって確立したのが、合理的な人間の経済行動の大原則「期待効用最大化の原理」である。

フォン・ノイマンは、まず「合理的意思決定者」を規定する五つの公理（条件）を設定した。これらの条件について、心理学者や行動経済学者が妥当性を欠くと批判しているが、ORや数理工学者は、依然として正統派の経済学者とともに、フォン・ノイマンを強く支持している。ちなみに三五年に及ぶ私の調査によれば、理工系大学生の一〇〇人中九人は、この条件の妥当性を認めてくれる。

フォン・ノイマンはこの公理を前提に、個人の選好（好み）を〇と一の間の数値で表す「効用関数U」が存在することを証明し、二つの結果XとYがあったとき、$U(X)>U(Y)$ならYではなくXを選択すべきだと結論付けたのである。

では、選択によって起こり得る結果が一つに決まらないときはどうすればよいか。たとえば、一〇〇万円の当たり券五〇枚、外れ券五〇枚が入っている壷A

五〇〇万円の当たり券一一枚、外れ券八九枚が入っている壺Bという二つの壺のどちらから券を抜き出すのがよいのか、といった問題である。Aを選べば平均で五〇万円、Bを選べば平均で五五万円が手に入る。一方、バラツキ具合（分散）を比べると、BのほうがAより一桁大きい。したがってこの場合、マーコビッツの平均・分散基準では優劣がつかない。

この問題に決着をつけるのが、「期待効用最大化の原理」である。これは、「得られる結果に対する効用の大きさを、それが実現される確率を用いて平均した値、即ち『期待効用』が大きいほうを選ぶべきだ」という原理である。つまり、

$$U_A = 0.5 \times U(100万円) + 0.5 \times U(0)$$

$$U_B = 0.11 \times U(500万円) + 0.89 \times U(0)$$

を計算して、$U_A > U_B$なら壺Aを、$U_A < U_B$なら壺Bを選べばよいというのである。

期待効用最大化原理は、合理的経済人の意思決定に関わる最も重要な原則であり、〝正統派〟経済学はこの原理をもとに組み立てられている。平均・分散モデルが経済学者から批判されたのは、このモデルに従って投資を行うと、〝株式の収益率が正規分布に従わない場合には〟期待効

用最大化原理を満たさないことがあるためである。

平均・分散モデルが発表された当時、またそれから後も、金融経済学者は株式収益率が正規分布に従うという前提で理論を組み立ててきたのだから、マーコビッツと同罪のはずだが、経済学者は部外者に対しては特別に厳しい種族なのである。

経済学としては評価されなかった平均・分散モデルだが、実務家にとっては大変魅力的なモデルだった。なぜならマーコビッツ以前は、「将来値段が上がりそうな優良株に集中的に投資すべし」というグラハム・ドッドの指針が権威を持っており、投資家たちはドッドに気兼ねしながらも、「一つのかごにすべての卵を盛るな」という合言葉の下に、多数の銘柄に投資を分散させる「分散投資」を心がけていたからである。

ところが平均・分散モデルによれば、分散投資がリスクの軽減に効果があるというのである。投資家の支持を得た平均・分散モデルは、投資の実務で広く使われるはずだったが、実際にはそうならなかった。なぜなら当時の計算機は、ニューヨーク証券市場に上場されている千銘柄以上の株を対象とする「平均・分散モデル」を解くことはできなかったからである。

マーコビッツからシャープへ

平均・分散モデルが壁にぶつかったところに出現したのが、「CAPM」即ち「資本資産価格付けモデル」である。このモデルは、平均・分散モデルに従う投資家が集まる資本市場で、資産価格がどのように決まるかを明らかにしたもので、この理論の登場によって、「ファイナンス」は経済学王国の正市民の地位を獲得するのである。

ミルトン・フリードマンの、「これは経済学とは言えない」という批判をくぐり抜けてPh. D.を取ったあと、ロス・アンジェルス郊外にある研究所ランド・コーポレーションに職を得たマーコビッツは、ここで『Portfolio Theory: Efficient Diversification of Investment』を書き上げた。しかしその後は、ファイナンスと決別して、線形計画法やシミュレーションなどORの研究に携わっていた。

ランド・コーポレーションは、第二次世界大戦で大きな成果を上げたORのスターを結集した研究所で、当時ここでは、ケネス・アロー、ハーバート・スカーフ、ヤコブ・マルシャクらの経済学者と、リチャード・ベルマン、ジョージ・ダンツィク、レイ・ファルカーソンをはじめとする応用数学者が協力して、数理科学の新分野を開拓しつつあった。

同じ頃、カリフォルニア大学ロス・アンジェルス校の経済学部博士課程に在学していたのが、後にマーコビッツとともにノーベル経済学賞を受賞するウィリアム・シャープである。マーコビッツの著書を読んで感銘を受けたシャープは、マーコビッツのもとを訪れ、博士論文について相談した。このときマーコビッツは、大型の平均・分散モデルを解くために、経済学や統計学の分野で古くから使われてきた、「シングルファクター・モデル」を使ってみることをアドバイスした。このモデルは、株式の収益率Rが適当に選んだ経済指標（もしくは財務指標）Fの一次式

$$R = \alpha + \beta F + \varepsilon \quad \cdots\cdots\cdots \quad (4.1)$$

として表現できるものと仮定する。ここでα、βは株式のアルファ値、ベータ値と呼ばれる定数で、εは誤差項である。α、βの値を決めるには、過去のRとFの時系列データを用いて、標準的な最小2乗法をあてはめればよい。

このような表現を用いると、平均・分散モデルが解きやすくなるだろうというのが、マーコビッツのアドバイスであるが、シャープはそれに従って平均・分散モデルを書き改め、

①それまでは解けなかった大規模な平均・分散モデルが解けること

②小規模な問題に関して言えば、これによって得られた結果は、平均・分散モデルを厳密に

解いた結果とほとんど違わないことを実証した。一九六四年のことである。

これによって、平均・分散モデルが復活したかに見えた。しかしそうならなかったのは、この直後にシャープが、シングルファクター・モデル（4.1）におけるファクターFとして、「市場平均ポートフォリオ」（アメリカで言えばS&Pインデックス）の収益率を採用し、無リスク資産（短期国債）の存在を仮定することによって、次の定理が成り立つことを証明したからである。

【定理1】すべての投資家は、市場平均ポートフォリオに投資するのがベストである。

つまり平均・分散モデルはすっかり忘れて、S&Pインデックスだけに投資すればいいというのである。この定理の存在を知ったとき、四七歳だった私は、腰を抜かすほど驚いた。経済学者はこのような魔法を使うのか！　これでは、「平均・分散モデル」が脇役に押しやられても仕方がない。

一方、シャープにノーベル賞をもたらしたのは、次のベータ公式である。

【定理2】（ベータ公式）資産の期待収益率をr、無リスク資産の収益率をr_0、市場平均ポー

トフォリオの期待収益率を r_M とすると、

$$r = r_0 + \beta\,(r_M - r_0) \quad \cdots\cdots\cdots\cdots (4.2)$$

が成立する。ここで β は公式（4.1）に出てきたベータ値である。

平均・分散モデルには、二次式という厄介なものが登場するが、CAPMなら一次式だけで済む。二次式がわからないファンド・マネジャーも、一次式ならわかる。かくしてCAPMは、市場平均ポートフォリオに投資するインデックス運用と抱き合わせで、資産運用実務の世界で広く受け入れられるようになった。

一方、経済学におけるCAPMの評価を高めたのは、（4.2）式から導かれる次の公式である。

$$\text{現在の株価} = \frac{\text{将来の株価の平均値}}{1 + r_0 + \beta\,(r_M - r_0)} \quad \cdots\cdots\cdots (4.3)$$

シャープ理論が資本資産価格付け理論と呼ばれるのは、この公式によるところが大きい。そこでこの公式について、もう少し説明を加えよう。

将来〝確実に〟一〇〇万円のキャッシュを生み出す金融商品、たとえば額面一〇〇万円の割引国債があるものとしたとき、この商品の現在価格は金利を r_0 とすると、将来の収入（一〇〇万円）を（$1+r_0$）で割ったものとなる。たとえば r_0 を年三％とすれば、一年後の一〇〇万円の現在価値は、一〇〇万円を一・〇三で割った九七・一万円となる。

将来の確実なキャッシュの現在価値は、このようにして簡単に求まる。では将来の〝不確実な〟キャッシュは、現在どれだけの価値を持つか？　一九六〇年代半ば、この研究に取り組んでいたのが、ハーバード大学のジョン・リントナー、アーサー・D・リトル社のジャック・トレイナー、ワシントン大学のウィリアム・シャープの三人である。そしてこの三人は、ほぼ同時に(4.3)式に到達したのである。

定理1と定理2の証明は、理系志望の高校三年生ならわかる程度の簡単なものである。しかし公式(4.3)は、経済学の素養が足りないエンジニアにとっては、納得がいかないものだった。

現在の株価は、将来の株価の平均によって決まると言うのだが、それでは将来の株価は何によって決まるのか。現在一〇〇円の株が、一年後に一〇万円になるようなことはあり得ない。つまり将来の株価には、現在の株価が何らかの形で関与しているはずだ。将来がわからなければ現在はわからない。現在がわからなければ将来はわからない……。

株価は人々の期待によって決まる

では、株価はどのように決まるのか。経営学の教科書には、「株価は将来支払われる配当の現在価値に等しい」という、「割引き配当モデル」が紹介されている。しかし一〇年先の配当がどうなるかはわからないし、将来の金利がどうなるかもはっきりしない。だから、このような方法で計算した株価は、実際の株価とは大きく異なるのが普通である。

一方、CAPM理論の前提を少々変更したうえで、ワルラスの「均衡価格モデル」を「数理計画法」という工学的手法を使って解くと、以下の株価公式、

$$p = a \frac{g_M - r_0}{r_M - g_M} (r_M - r_0) V_0 \quad \cdots\cdots\cdots (4.4)$$

が導かれる。また、この式をもとに、市場全体の株価総額Vを計算すると

$$V = \frac{g_M - r_0}{r_M - g_M} V_0 \quad \cdots\cdots\cdots (4.5)$$

という式が得られる。ここでr_Mとr_0はそれぞれ公式（4.2）に出てきた市場平均ポートフォリオの期待収益率と無リスク資産の収益率、V_0は市場に存在する無リスク資産の総額、そしてg_Mは投資家が株式投資からどれだけの収益を手に入れたいと考えているかを表す「市場平均貪欲度」なるパラメータである。

そこで三人の投資家A、B、Cからなる株式市場を想定して、市場平均貪欲度がどのように決まるかを説明しよう。いまA、B、Cがそれぞれ一〇〇〇万（一〇%）、三〇〇〇万（三〇%）、六〇〇〇万（六〇%）の資金を持つものとし、株式投資から得たいと考えている収益率（貪欲度）が、それぞれ六%、五%、八%だとすると、市場平均貪欲度は、各投資家の資産保有割合で貪欲度を平均した

$$g_M = 0.1 \times 0.06 + 0.3 \times 0.05 + 0.6 \times 0.08 = 0.069\ (6.9\%)$$

となる。

横軸にg_Mを、縦軸にVを取って、（4.5）式を図示したのが図表4-1である。

市場平均貪欲度g_Mは、資産を多く保有している人の貪欲度が高まると大きくなる。そしてg_Mがr_Mに近づくとVは急激に増大し、g_Mがr_Mを超えると株式市場が崩壊することがわかる。市場

図表4-1　市場平均貪欲度が高まると市場は崩壊する

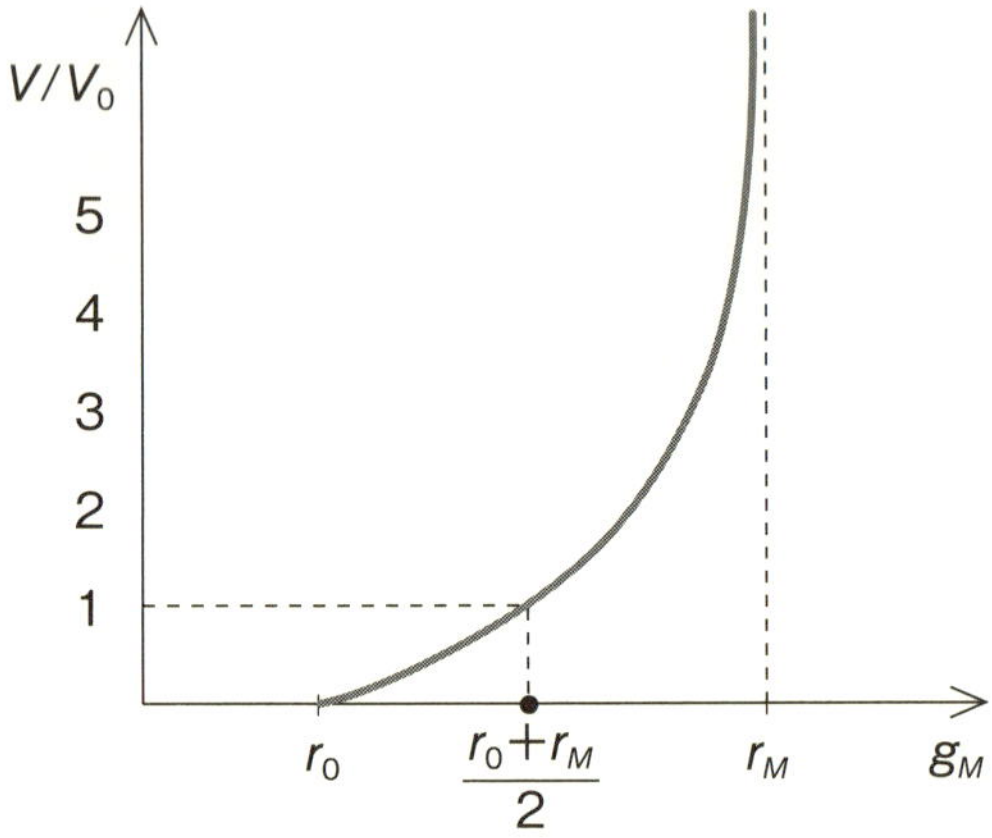

平均貪欲度 g_M に大きな影響を与えるのは、資産保有率が大きい投資家Cの貪欲度である。つまり、多くの資金を持つ大金持ちや機関投資家が貪欲になりすぎると、市場が崩壊する危険が高まるということである。

インデックス運用の時代

マーコビッツのOR（工学）モデルを換骨奪胎して作られたCAPMの出現によって、ファイナンス＝経済学の時代が始まった。またCAPMは、資産運用の世界にインデックス運用全盛の時代をもたらした。

経済学者によれば、それ以外の投資方法、たとえばチャートを見ながら株価の上昇・下降を予測して売り買いを行うのは愚だということになる。情報が広く行きわたった効率的市場においては、株に関する情報はすべて株価に織り込まれているから、割安株というものはあり得ない。それに、株価は上がるも八卦、下がるも八卦のランダム・ウォークに従うから、その上昇・下降を予測することは不可能だというのである。

チャールズ・エリスの『敗者のゲーム』（日本経済新聞社、二〇〇三年）の初版には、「個々の株価を予測して投資を行う際に、インデックスを上回る収益を上げるには、株価の上昇・下降を四回中三回以上適中させる必要がある」という記述がある。四回中二回以上（五〇％以上）でないのは、株の売買には取引コストがかかるためである。

インデックス運用の際に問題となるのは、インデックスに含まれるすべての銘柄に投資すると、多額の取引コストと管理コストがかかることである。そこで、より少数の銘柄でインデックスと同じ振る舞いをするポートフォリオを構築したい、という要望が生まれる。

このときの指針となるのが（4.2）式である。精度の高いベータ値が求まれば、数十銘柄程度を組み合わせることによって、インデックスと同様の振る舞いをするポートフォリオを作ることができるというのがＣＡＰＭの御託宣である。

ところが、実際に一〇〇銘柄程度を組み合わせて、インデックスと同じ振る舞いをするポートフォリオを作るのは、必ずしも容易な作業ではない。精度の高いベータ値を求めるのが難しいことや、取引コストの影響で収益が劣化するからである。このため、経済学では簡単なはずのインデックス運用を行うためには、様々な工学的手法が必要になる。

ＣＡＰＭを信奉している経済学者は、インデックス運用以外は望ましくないと断言する。しかし実務家の中には、そう思わない人が大勢いる。曰く、「株価の動きには何らかのパターンがあるので、それを利用すれば、インデックスを上回る収益を手に入れることは可能だ」。

しかし、従業員のお金を預かって資産運用を行う年金基金は、ＥＲＩＳＡ法（従業員退職保障法）に記された「プルーデントマン・ルール」に従わなくてはならない。これは「ファンド・マネジャーは、ポートフォリオ全体のリスクとリターンを考慮して、慎重に資産運用を行うべし」というもので、このルールに違反すれば処罰の対象となる。

アメリカでインデックス運用が盛んになったのは、この手法にはＣＡＰＭ理論の裏付けがあるので、たとえ損失を出しても責任を問われないからである。それにインデックス運用は、長期的には年六％程度の収益をもたらしてくれるから、大多数の市民にとってはこれで十分だったのである。

一方、資産運用後進国日本の投資顧問会社は、根拠が乏しい〝儲かるはずの独自戦略〟を使って資産運用を行っていた。一九八〇年代後半にイギリスで発行されたレポートには、「日本の投資信託の収益は、一〇年以上にわたってコンスタントにインデックスを数％下回っている。それにもかかわらず、投資信託を購入する人がいるのは不思議なことだ」と書かれていた。

しかし一九八〇年代半ば以降、シャープをはじめとする伝道師たちが日本を訪れ、インデックス運用の効用をキャンペーンした。このため、わが国でもこのスタイルが徐々に浸透し、九〇年代はじめには、インデックス運用は総運用資産の五割を超えた。

ここにやって来たのが、バブル崩壊による株価の下落である。一九八九年末の三万八九一五円をピークに株価は下がり続け、九二年には二万円を割った。一方のアメリカでは、九五年には五〇〇〇ドル台だったダウ・ジョーンズ・インデックスは、九九年には一万ドルの大台を超え、二〇〇〇七年には一万四〇〇〇ドルを超えた。インデックス運用は、九〇年代半ば以降のアメリカ市場ではうまく行ったが、日本では大損失を蒙ったのである。

日本資産に対する投資比率が高いわが国の投資信託の収益率は、今なお英米に比べてコンスタントに一％以上低い状態が続いている。

私が資産運用理論の研究を開始したのは、一九八〇年代後半である。しかし当時の日本では、このような研究をやろうとする人はほとんどいなかった。経済学者はインデックス運用以外は認めなかったし、バブル景気に沸く東京市場では、インデックス運用をやっていれば、大きな利益を手にすることができたからである。

事実、一九八七年はじめに一万八〇〇〇円だった日経平均は、八九年一月には三万五〇〇円となったから、八七年はじめに一万円でインデックス・ファンドを買った人は、二年間で一・七倍、年率で言えば三〇％以上の収益を手にすることができたのである。

平均・分散モデルの復活

では、実際の市場で、ＣＡＰＭ理論は成り立っているのか？　一〇年以上にわたる検証作業が続いたあと、一九七七年になってＵＣＬＡのリチャード・ロル教授が、「ＣＡＰＭが市場で実際に成り立っているかどうかを、統計データを用いて検証することは理論的に不可能である」という宣告を下した。

なぜそうなのかといえば、「市場平均」が意味するものが、投資家ごとに異なるからである。ある人はＴＯＰＩＸや日経２２５インデックスを市場平均とみなしているが、株式だけでなく債券にも投資している人にとっては、市場平均はＴＯＰＩＸインデックスと債券インデックスを組み合わせたものとなる。また、原油や農産物に投資している人もいるから、市場平均が何を意味するかは人によって異なる。

市場平均という概念が一意的に定まらない以上、CAPMを検証する手段はない。しかしCAPMの破綻が明白になったあとも、インデックス運用の人気は衰えなかった。マーケットが好調なら、これでやっていれば十分な収益が上がったからである。

転機が訪れたのは、一九八七年である。この年の一〇月一九日のブラック・マンデーに、ダウ・ジョーンズ・インデックスが急落したため、インデックス運用や（後で述べる）オプション理論を応用したポートフォリオ・インシュアランス戦略で大損を出した機関投資家の間で、投資手法見直しの動きが広がった。ここで注目されたのが、八四年に提案されたマーコビッツ＝ペロルドのマルチファクター・アプローチである。

これは、シングルファクター・モデル（4.1）を拡張して、いくつかのファクターF_1、F_2、…、F_kを導入して各資産の収益率を、

$$R = \alpha + \beta_1 F_1 + \beta_2 F_2 + \cdots\cdots + \beta_k F_k + \varepsilon \qquad \cdots\cdots\cdots\cdots (4.6)$$

と表現する方法である。六個から一〇個程度の経済指標・財務指標を選ぶと、説明力がシングルファクター・モデルに比べて飛躍的に高まるだけでなく、大型の平均・分散モデルが効率的に解

けるというメリットがある。

実際、ペロルドが作成したソフトウェアは、千銘柄を超える大型平均・分散モデルを効率的に解くことに成功し、資産運用の現場で広く用いられるようになった。長い間ＣＡＰＭの蔭に隠れていた「平均・分散モデル」が、二〇年の歳月を経て復活を果したのである。

マーコビッツ教授の手紙

インデックス運用は、市場全体の動きに身を任せる方法なので、「パッシブ（消極）運用」と呼ばれている。一方、それ以外の方法は一括して、「アクティブ（積極）運用」と呼ばれている。

このなかにも様々なものがあるが、古くからあるチャート分析や、バリュー株（割安株）やグロース株（成長株）に投資する手法が、依然として根強い人気を博している。経済学者はこれらの手法には根拠がないというが、ウォーレン・バフェットのように、独自の基準で探し出した優良株を長期保有して財をなした人もいる。しかし、バリュー株やグロース株の判定は主観による部分が多いので、この種の研究が客観的（学問的）な研究対象になることは稀である。

アクティブ運用のなかで、金融工学手法を使って詳しく研究されているのが、平均・分散モデルを一般化した一連の「平均・リスクモデル」である。

マーコビッツ・モデルが提案された時代から、実務家の間ではリスクの指標として、分散よりも収益が一定の水準を下回る「下方リスク」を採用したほうがいいのではないか、という意見が強かった。しかしそれらの意見は、経済学者によって「素人の思いつき」と一蹴された。取引コストが存在しない連続取引市場では、分散以外の指標を考える必要はないというのである。〝賢い経済学者〟はこのような論法で、〝愚かな実務家〟を煙に巻くのである。

ところが一九九〇年代に入って、「そもそもリスクとは何なのか」という問題に関する研究が進んだ結果、実務家が提唱する下方リスク――下半絶対偏差、下半標準偏差やCVaR (Conditional Value at Risk) など新たなリスク指標――のほうが期待効用最大化原理との斉合性が高いことがわかってきた。実務家の言うことには、それなりの根拠があるのだ。

本格的に金融工学に参入するに当たって、私は停年までの十数年間に達成すべき八つの目標を設定したが、それらの大半は平均・リスクモデルの実用化を目指したものである。実務につきものの取引コストや税金、最小取引単位といったややこしい条件をモデルに取り入れ、それを厳密かつ高速に解く研究や、平均・分散のほかに、分布の三次モーメントを考慮に入れたモデルなどの研究である。

当初は解けないだろうと思われていたこれらの問題は、数理計画法の飛躍的発展によってすべて解決された。マーコビッツ教授が、「当初私が考えていたことはすべて実現された。これ以上望むことは何もない」という手紙を下さったのは、平均・分散モデルが発表されてから五二年後の二〇〇四年のことである。

その他のアクティブ運用モデル

実務の世界で人気があり、工学的研究の対象となっているアクティブ運用モデルを、二つ紹介しよう。

一つ目は、インデックスを少々上回る収益を目指す、「エンハンスト・インデックス運用」である。このなかでは、インデックスに含まれる銘柄のウェイトを微調整（ティルト）するアプローチが人気が高いが、その多くは職人芸といった趣きが強い。したがって、この種の研究が学術誌に載ることは滅多にない。

ところが最近になって、インデックスの近傍からパフォーマンスのよいものを探し出す工学的方法が開発され、（短期間であれば）インデックスを上回る成績をあげることが実証されている。

二つ目は、ポートフォリオを組む際に資産を購入（ロング）するだけでなく、価格の下落が予想される資産を空売り（ショート）するアプローチである。株価下落局面で有効な方法だとされているが、某社の委託でこの研究をやってみて、あまりにうまくいくので後味の悪さが残った。

経済学者は、市場を効率化するために、空売りは大きな役割を果たしていると言う。空売りされる量が少なければ、そのような効果はあるのだろう。しかし、ヘッジファンドのように大量の空売りを行えば、（本来は上がったかもしれない）株価は下落する。

実際、ジョージ・ソロスが、タイ・バーツを大量に空売りして意図的に価格を下落させ、アジアの通貨危機を招いたことは記憶に新しい。サブプライム危機のあと、資産価格の一層の下落を懸念したアメリカ政府が空売り規制を行ったとき、経済学者はナンセンスと決めつけたが、もっと早く規制を強化すべきだったと筆者は考えている。

世界を見渡す国際分散投資

防衛的金融工学を旗印にするわれわれの目標は、市場平均を一％程度上回るパフォーマンスを実現することである（インデックスの何倍もの収益を手に入れようとする運用は、投機であって防衛的金融工学の範疇には入らない）。アクティブ運用をやっている日本の投資信託が、依然としてインデックスを下回る成績しかあげていないことを考えると、インデックス・プラス一％を達成することができれば、そのメリットは大きい。個人が保有する金融資産一五〇〇兆円の一％

は一五兆円、消費税六％分を上回る。

残念ながら、すべての投資家が市場平均を一％上回る収益を上げることは、理論的に不可能である。なぜなら、すべての投資家によって作られているのが、市場平均だからである。しかし市場は日本だけに限られるものではない。広く世界を見渡せば、日本市場よりパフォーマンスのいい市場があるかもしれない。世界市場を対象にする「国際分散投資」を行えば、日本の市場平均を一％上回る運用を行うことは必ずしも不可能ではないのである。

実際われわれのグループは、最近三四か国の株式と債券に分散投資するモデルを開発し、国内インデックスを上回るパフォーマンスが実現されることを実証した。この研究のもとになった一九九八年の論文は、過去二〇年間に発表された国際金融経済学に関する最も重要な六〇篇の論文の一つとして、『International Securities』（Edward Elgar、二〇〇一年）に収録されているが、国内では全く評価されなかった。

製造業が危機的な状況を迎えるなかで、いかにしてわが国は二一世紀を生き延びるか。この問題については、拙著『「理工系離れ」が経済力を奪う』に詳しく書いたので、そちらをご覧いただくことにして、二五〇兆円に及ぶ海外資産を国際分散投資でうまく運用すれば、貿易赤字を補償するに十分な所得収支が生まれる、という事実を指摘しておこう。実際イギリスは、昨今の金融危機の中でも、海外資産の運用益を伸ばしているのである。

ヘッジファンドと裁定取引

ここまで紹介してきたのは、大学に勤めるエンジニアが研究対象としてきた、〝工学的〟な資産運用理論である。リスクを考慮しつつ、適正なリターンを手に入れることを目指す生保や年金基金などの機関投資家の運用の基本となっているのは、この種の方法である。

一方、市場に存在する一時的なアノマリー（異常状態）を利用するのが「裁定取引」である。たとえば、ニューヨークで二〇〇ドル（一万八〇〇〇円相当とする）で買える金貨が、東京では二万円で売られているとすると、ニューヨークで買って東京で売れば、二〇〇〇円の利益が手に入る。関税や為替変動、取引コストを考慮に入れても、一〇〇〇円くらいは儲かる。

金融市場にはこのような裁定の機会は存在しない、というのがファイナンス理論の大前提だが、現実の市場はダイナミックに動いているから、一時的に裁定の機会が発生することはあり得る。これは「ミス・プライシング」と呼ばれる現象であるが、目ざとい投資家はこの機会を見逃さない。たとえば末永徹氏の『メイク・マネー』（文藝春秋社、一九九九年）には、ソロモン・ブラザースが一九八〇年代に国債指標と転換社債のミス・プライシングを利用して、巨額の収益を上げた様子が詳しく記されている。

情報が広く行きわたった市場の場合、ミス・プライシングはあったとしても、価格差はわずかなものに過ぎない。したがってここから得られる利益は、それほど大きなものではない。売買に伴うコストを考慮すると、利益はさらに小さくなる。

ここで用いられるのが、先物の利用と銀行借入によるレバレッジ手法である。たとえば債券を買うときに、現物を買えば取引コストがかかるが、先物であればコストはほとんどかからない。また資金量が二〇〇万ドルなら利益は二万ドルでも、三〇倍の資金を借り入れれば、利益は三〇倍の六〇万ドル（マイナス借入金利）になる。

ところが確実に儲かるはずの裁定取引も、いつもうまくいくとは限らない。たとえばニューヨークで仕入れた金貨が、東京で売れなくなるようなことがあり得るからだ。買いたいのに買えない、売りたいのに売れない状況を「市場に『流動性』がなくなった」と言うが、このようなことが起こると、投資した資金を回収できなくなる。

一九九八年に大手ヘッジファンドＬＴＣＭが破綻したのは、ジャンク債（支払い不能になる危険性が大きいかわりに、高い利息を払ってくれる債券）と、安全な国債の間に生じる理論値からの乖離を利用して利益を上げようとしたところに、ロシアの金融危機が発生し、リスクを嫌った投資家が一斉にジャンク債を手放そうとしたため価格が暴落し、巨額の損失を蒙った結果である。通常の運用なら一〇〇〇万ドルの損失で済んでいても、三〇倍のレバレッジを取っていれば、損害は三億ドルになる。

ヘッジファンドは、金持ちで貪欲な投資家のため、そして自分の成功報酬のために、あらゆる知恵を総動員して大きな収益を手に入れようとする。しかし、いかにヘッジファンドが強欲でも、運用資金が少なければマーケット全体に影響は及ばない。

一方、運用資金量が大きい機関投資家が貪欲になれば、市場平均貪欲度は大きくなる。サブプライムローン危機は、多くの機関投資家が証券化商品とCDS取引に参入して、市場平均貪欲度が急上昇したためにひき起こされたものである。

株価はランダム・ウォークではない

資産運用にあたって問題となるのは、運用期間の長さである。短かければ一日単位ということもあるし、なかにはデイトレーダーのように、一分単位で売ったり買ったりするケースもある。一方、長いほうは一年、場合によっては一〇年単位の運用もあり得る。運用期間が違えば、運用手法も違ってくる。

一分単位の運用は、〝運用〟と言うよりは〝賭け〟と言うほうが当たっている。通常、企業の業績が一分ごとに変わることはあり得ないから、株価の動きはランダムなノイズの組み合わせ、すなわち、上がるも八卦、下がるも八卦である。こんなときに使われるのは、ほぼ間違いなく「チャート分析」である。これは株価の変動のグラフの中から何らかのパターンを見つけ出し、次にどうなるかを予測する方法である。

経済学者は、この種の方法をテンから相手にしない。ランダム・ウォークの中にパターンを見出そうとするのは、愚の骨頂だというのだ。しかし最近の研究によれば、ニューラル・ネットワークや遺伝的アルゴリズムなどの手法を使うと、一〇〇回中五五回くらいは上昇・下降を言い当てることができるという。チャールズ・エリスは『敗者のゲーム』の第一版の中で、一〇〇回中七五回以上言い当てなければ儲けは出ないと書いていたが、これは一九七〇年代の話で、最近は取引手数料が大幅に下がったから、五五回当たれば十分な利益が出る可能性がある。

ひと頃から、この種の研究報告を見なくなったのは、結局うまく行かなかったからか、それともあまりにうまく行くので、一般には公開せずに自分だけ儲けているからだろうか。恐らく前者なのだろうが、後者である可能性も否定できない。

金融工学の世界的権威である、ＭＩＴのアンドリュー・ロー教授の研究によれば、チャート分析の中によく当たるものがあるという。一九九九年にロー教授が書いた、『ウォール街のノン・ランダム・ウォーク』という本には、株価はランダム・ウォークとは言えないことを立証する数多くのデータが記されている。これらの結果は、経済学者の主張を覆すものであるが、投資家心理を考えれば首肯できる話である。

株価がランダム・ウォークではないことは、日本でも実務家の間では常識だった。しかし経済学者はその原因を、日本の株式市場がアメリカのように適正に運営されていないことに求めた。彼らは言った。「いずれ日本の市場が、ニューヨーク市場のようにまともになれば、株価はランダム・ウォークになる」と。しかし実際には、ニューヨーク市場も、彼らが言うような効率的なものではなかったのである。

それにしても、周囲の経済学者が白眼視するなか、あえてこのような研究に取り組み、それを公開したロー教授は勇気のある人である。かつて日本でも、この種の研究をしていた人がいたが、ランダム・ウォークでないという結果を得たとき、さる筋からの求めに応じて公表を控えたという噂を耳にしたことがある。これが日米ファイナンス研究の格差なのだろう。

短期モデルと長期モデル

平均・分散モデルを代表とする平均・リスクモデルは、通常「一期間モデル」と呼ばれている。投資した資金を一定期間(一年もしくはそれより短い期間)固定して、期末に得られる収益——期末に資産を売却して得られる金額から、初期投資額を差し引いたもの——の平均値とリスクで投資パフォーマンスを評価する方法である。

一期間運用したあとマーケットの状況をチェックしたうえで、ポートフォリオをリバランス(入れ替え)して運用する際には、なるべく少ないコストでポートフォリオを組み替える作業が必要となる。

取引コストは数学的に取り扱いが難しいので、最近までこれを無視するか、適当な近似を施して解きやすい問題に変換する簡便法が用いられてきた。しかし、この一〇年の数理計画法の進歩により、この種の問題が厳密に解けるようになった。筆者はかねて、資産運用は短期運用プラス適正なリバランスの繰り返しがベストだと考えてきたが、これがやっと厳密に実施できるようになったのである。

一方、将来起こり得る事態を想定したうえで、長期にわたるパフォーマンスを考慮してポートフォリオを組むのが、「多期間モデル」である。この種のモデルは、一般に計算量がかさむので実用化が遅れていたが、最近の計算技術の進歩によって実務の要望に応えることができるようになった。

しかし私は、長期運用アプローチには懐疑的である。なぜなら、人間の長期予測能力は極めて貧しいからである。このことは、この二年間の経済情勢の激変、二〇〇八年春以降の資源価格の急騰と急落、リーマン・ブラザーズ破綻以降の経済恐慌を見れば明らかである。

ちなみに、個人や組織の最適な意思決定を研究するＯＲの分野では、長期モデルより短期モデルを精密に組み立て、その結果に基づくプランを実施したあと、一期後にまた新たなモデルを組み立てるアプローチが支持を集めている。

第五章

貸したおカネは戻ってくるのか？

信用リスクの分析

貸したおカネは戻ってくるか

金融工学が取り扱う二つ目のリスクが「信用リスク」、すなわち貸したおカネが約束通りに戻ってこないことにかかわるリスクである。

倒産すれば企業は借金を返せなくなるが、倒産しなくても約束通りに返すとは限らない。たとえば、イトーヨーカ堂の創立者である伊藤雅俊氏は、日本経済新聞のコラム「私の履歴書」の中で、次のように書いている。

「借りたお金は返すのが当たり前と思っている私は、六〇年代に三井銀行副頭取の田中久兵衛氏から、『約束どおりに返済するのは、あなただけだ』と言われて驚いた。金利を払えば元金は返さなくてもいいというのが、いつごろからかこの国では常識になっていたようだ。」

この文章を読んで思い出したのは、一九九六年の秋に福岡で開催された、OR学会でのS氏の招待講演である。この人は、博多の町に出現した超近代的なショッピングモール「キャナル・シティ博多」を運営するディベロッパーの社長で、講演では自らのビジネスモデルの斬新さをアピールした。

銀行から巨額の資金を借り入れてこのモールを作ったのだが、そのビジネスモデルは政府の超低金利政策に支えられたものである。

当時の無リスク金利（短期国債の利回り）は一・二％だった。しかし国債の価格をもとに計算したところ、金利は次第に上昇し、四年後の二〇〇〇年には四・五％に達するものと予想されていた。こうなれば、貸出金利は六％を超える。五〇〇億円の借入があれば、金利負担は年間一五億円程度は増える。果たしてS氏のビジネスはうまくいくのか。そこで不躾とは知りながら、私はその夜のパーティーで質問をぶつけた。

「公定歩合が四％になったらどうでしょうか？」

「すぐつぶれます。しかしこれから先も、金利は上がらないでしょう。むしろもっと下がるのではないでしょうか」

一九六〇年代の経営者は、（元本はともかく）五％程度の金利は払っていたはずだ。銀行もその程度の収益が上がらない企業には、おカネを貸さなかった。ところが九〇年代半ばには、五％の金利すら払えない企業にも、おカネを貸していたのだ。

S氏の判断は正しかった。九五年以降〇・五％に据え置かれていた公定歩合は、その後さらに低下を続け、長い間実質ゼロ金利が続いた。かくしてS氏のビジネスモデルは大成功し、キャナル・シティ博多は今現在も繁盛しているようである。

低金利で儲かったのは、S氏をはじめとする大胆なビジネスモデルに賭けた人、損をしたのは金利収入を失った一般庶民である。日銀の発表によれば、この一〇年の低金利政策の結果、国民が失った金利収入は三九兆円、国民一人当たりで三五〇万円程度だということだが、借金していなかった人の損害は、この二倍以上だろう。

二度目の住宅ローン

長い間守ってきた、〝他人からおカネを借りてはいけません〟という母の教えを破ったのは、一九七四年に住宅ローンを借り入れ、千葉県にマンションを購入したときが最初である。借金の額はざっと一〇〇〇万円。そのうち二五〇〇万が住宅金融公庫の金利五・五％の三五年ローン、残り七五〇〇万円が、日本長期信用銀行の金利七・五％の二〇年ローンである。返済額は年約一〇〇万円である。

年収の四倍を上回る借金をしてマンションを買ったのは、高名な経済評論家が、「サラリーマンは、今買わなければ一生買えない」と予言したからである。オイルショック後の、年三〇％に及ぶ「狂乱物価」のさなか、この人はインフレは三年続くと言っていた。つまり、今なら一〇〇〇万円で買えるマンションは、三年後には二〇〇〇万円になるということだ。一方、今一〇〇〇万円借金しても、三年後には実質的に五〇〇万円に目減りするのだから、最初の一、二年を凌げば何とかなる！

残念ながら、三〇％のインフレは一年で終わった。しかし、インフレ補償で公務員給与が三〇％上がったため、借金は実質七〇〇万円に減った。そしてその二〇年後に、私はめでたく銀行ローンを完済した。

その二年後の一九九六年、停年退職を目前に控えた私は、住宅金融公庫の三五年ローンを繰上返済して、千葉のマンションを売却し、都内にマンションを購入した。二〇年の間に、ローン環境は激変していた。住宅金融公庫の三五年ローンの金利は三・一％と、史上最低水準にあった。五・五％と比べると、返済額は一〇〇〇万円当たり二五〇万円も少なくて済む。一方、S銀行の住宅ローンは、次の四つの選択肢のどれか一つを選ぶことになっていた。

①固定金利：現在から一定期間は支払金利の水準を固定し、その期間が終了した時点で新たな契約を結び直す。金利は三年契約の場合は二・九％、五年契約の場合は三・五％、そして一〇年契約の場合は四・一％。契約期間が長いほど金利水準が高く設定されているのは、銀行側が今後市場金利が上昇すると考えているためである。

②変動金利：市中金利の変動に合わせて、半年に一回ずつ金利を改定するもので、スタート時

点の金利は二・六二五％。

③固定金利と変動金利の組み合わせ：借りたカネの七〇％を変動金利とし、三〇％を固定金利とするという契約で、組み合わせの比率は自由に選ぶことができる。

④キャップ付き変動金利：原則的には変動金利が適用されるが、金利があまりに高くなると、借りた側が負担に耐え切れなくなる可能性があるので、予め上限を設定しておいて、市中金利がそれ以上になっても、上限値以上を負担する必要はないという契約。

図表５－１は、五年契約と一〇年契約のそれぞれについて、その金利を示したものである。では、どの契約が私にとってベストか？　二〇年前には、おカネの仕組みについて何も知らなかったエンジニアは、いまや「金融工学」の旗を振っていた。そこでその知識を使って、選択肢の優劣を比較検討してみた。

結論を言えば、金利キャップ契約の金利水準が高過ぎることを除けば、〝金融工学的に見て〟妥当な水準に設定されていた。そこで私は窓口の担当者に、金利キャップ契約について説明を求めた。

「どういうやりかたで、金利キャップ契約の水準を決めているのでしょう？」

「ここではわかりませんので、本社のほうでお尋ね下さい」

図表5-1　キャップ付き変動金利

	5年契約	10年契約
現　在	3.4%	3.9%
上　限	5.28%	5.56%

「本社まで行くのは面倒なので、来週までに調べておいて頂けませんか？」

その一週間後、私は意外な言葉を耳にした。

「これは他行の水準に合わせてあるということです」

「お宅には優秀な専門家が沢山いるはずですよ。他行に合わせているというのは解せませんね」

「実はこの一年間に、私どもの支店でローンを組んだ一二〇人のお客様のなかで、キャップ付き変動金利契約を選んだ方は一人もいません。この数年を振り返っても、一人の記憶もありません。当行全体でも、五人か一〇人だろうと言っていました。実はこの件については、本部でもよくわからないとのことでした」

「よくわからない商品なので、お客に勧めなかったということですか？」

「……」

固定金利と変動金利を取り替える

長期にわたる固定金利住宅ローンは、銀行にとってリスキーな契約である。市場金利は一九七〇年代半ばまでは安定していたから、市場金利に適当な上乗せ金利を加えておけば、銀行は損害を蒙ることはなかった。ところが金利が自由化されてからは、金利水準は市場における資金の需給動向に従って、大きく変動するようになったからである。

たとえば一九八〇年代はじめのアメリカで、金利が二〇％に迫る水準に達したことがあったが、このとき固定金利で住宅ローンを貸し出していた米国住宅貯蓄信用組合（S＆L）が、破綻に追い込まれている。

銀行としては、変動金利契約を結んで、金利変動リスクを回避したいところであるが、客の中には固定金利を望む人も少なくない。こういうときに役に立つのが、「金利スワップ」契約である。

いまS銀行が、固定金利三・六％で一〇〇億円を貸し出しているものとしよう。一方、T銀行は、変動金利で一〇〇億円の貸し出しをしているものとしよう。もしT銀行が近い将来、金利が三・六％を下回ると予想したとすれば、自社の貸し出し一〇〇億円を、変動金利から固定金利に

図表5-2　金利スワップ契約

	スワップ前	スワップ後
A社	5%の固定金利借入100億円	変動金利借入100億円
B社	変動金利借入100億円 6%固定金利貸出100億円	5%固定金利借入100億円 6%固定金利貸出100億円

乗り換えたほうが有利である。一方、Ｓ銀行が金利についてＴ銀行と逆の予想を持っているものとすると、両者の間で、固定金利と変動金利を取り替える契約、すなわち「金利スワップ」契約が成立する。

もう一つの例として、図表５－２で示すＡ社とＢ社を考えよう。

この場合、将来の金利低下を予想したＡ社がＢ社と金利スワップを行うと、Ａ社は望み通り固定から変動への乗り換えに成功する。またＢ社は、五％固定金利借入と六％固定金利貸出で、一％の利益を確定することができる。

両社にとって〝ウィンウィン〟の契約だが、一つ注意しなくてはならないことがある。この契約期間中にＡ社が倒産すると、Ａ社に移転したはずの変動金利一〇〇億円分を、Ｂ社が支払わされることである（スワップはＡ社とＢ社の間の契約であって、Ａ社にお金を貸していた会社とは無関係である）。したがって金利スワップを行う際には、相手企業の信用リスク（倒産リスク）を知ることが必要となる。

〝金融〟を変えた住宅ローンの証券化

変動金利契約を結べば、金利変動に伴うリスクを避けることができる。しかし、おカネを貸す側のリスクは、それ以外にもある。一つは、客が失業などで借金を返済できなくなる「デフォルト・リスク」、もう一つは客が満期前に借金を返済する「満期前繰上返済リスク」である。

そこで考え出されたのが、ローンの「証券化」である。銀行が証券会社（投資銀行）に委託してローンを小口の債券に組み替え、これを市場で販売してリスクを投資家に転嫁するという〝賢い〟方法である。

たとえば、一〇年固定金利三・六％の住宅ローン一〇〇億円を貸し出した銀行の委託を受けた証券会社が、額面一万円、満期一〇年の債券一〇〇万枚として、市場で売り出すのである。

債券の購入者には、半年ごとに一定のクーポンが支払われる。この際問題となるのは、デフォルト・リスクと満期前繰上返済リスクの評価である。デフォルト・リスクについては（貸出しの際にきちんと審査をしておけば）ある程度推計可能だが、難しいのは満期前繰上返済リスクである。

借り手の繰上返済は、貸し手側にとっては痛手である。なぜなら、一〇年にわたって三・六％

の金利収入が得られるはずのところ、突然、その収入が消えてしまうからである。一方、証券化して売ってしまった分に対しては、一〇年にわたって約束したクーポンを払わなくてはならない。したがって、繰上返済された元金を再び運用することが必要となるが、このとき市場金利が三・六％より低くなっていれば、これを上回る水準で運用するのは容易でない。

これらのリスクを逃れるために考案され、アメリカで爆発的に普及したのが、パススルー・モーゲージ（住宅ローン）担保証券である。

これは、利率三・六％の一〇年もの固定金利住宅ローン一〇〇億円を貸し出した銀行が、証券会社経由で元本一万円の債券一〇〇万枚として市場で販売したあと、ローンから得られるキャッシュフローから手数料を差し引いて、その残りすべてを投資家に均等に払い戻すというやり方である。元利均等返済方式の場合、繰上返済がなければ、毎年の返済金から手数料を引いた金額が投資家に支払われる。

一方、一年目に元本の五億円分が繰上返済された場合には、その時点で証券一枚当たり五〇〇円を投資家に払い戻し、元本の残高から五〇〇円を差し引いた元本に対する返済金だけが支払われる。こうすれば銀行は、貸出に伴うリスクを全く負担せずに、確実に手数料を手に入れることができるというわけである。

収入が安定しないこのような証券には、魅力を感じない人も多いだろう。そこで多様な投資家の存在を想定して、さらに手の込んだ仕組みが用意されている。それは一〇〇億円のローンをいくつかのグループ（トランシェ）に分割して、下位のグループに対しては販売価格を安くする代わりに、繰上返済された部分をそのグループに優先的に負担してもらう。それでも足りないときは、次のグループに割り当てる。そして上位のグループに対しては、価格は高いが繰上返済の影響をほとんど受けないようにする、といった仕組みである。

リスク（繰上返済）を覚悟のうえで、高いリターンを得ようとするハイリスク・ハイリターン投資家は下位グループを、ローリスク・ローリターン投資家は上位グループを買えばよいという次第である。

アメリカではこのほかに、クーポンレートが市場金利と連動して変化する変動利付きモーゲージ証券、変動金利に一定の上限（下限）を設定した、キャップ（フロアー）付き変動利付きモーゲージ証券なども発行されており、その市場規模は二〇〇六年はじめの時点で六兆ドルに達している。

私が住宅ローン担保証券について詳しく勉強したのは、コーネル大学のロバート・ジャロー教授らが編集した、『Finance』（『ファイナンス』、朝倉書店、一九九七年）の翻訳作業に携わったときである。一一〇〇ページを超えるこのハンドブックは、全米の一流研究者を総動員して編まれたもので、さすがアメリカと唸らされる内容だった。そこで、日本の専門家を総動員して翻訳を行うことになったのだが、「住宅ローン担保証券」の章だけは、引き受け手が見つからなかった。このため、監訳担当の私が翻訳することになったのである。

これを勉強してみて思ったことは、「やっぱり銀行は賢い」ということだった。自らは全くリスクを負担せずに、（かなりの）手数料を稼ぐ。これぞ、究極の「裁定取引」ではないか。

小学校に入ったばかりの頃、私は三つ年上の兄が友人たちと興じている「銀行ゲーム」なるものに加えてもらったことがある。どんなルールのゲームか忘れてしまったが、はっきり覚えているのは、店子は常に銀行に金を巻き上げられるという事実である。銀行役を務める兄が賢いのか、店子の私がバカなのか。しかし、何回やっても一度も勝てなかったということは、銀行側に有利な仕掛けがあったのではないか。このとき以来私の脳味噌には、「銀行は賢い」というイメージが焼き付いた。

「銀行はずる賢い」を口癖にしていたのが、私の叔母である。住宅を購入するに当たって、銀行から六〇〇〇万円借金したところ、ついでにもう一〇〇〇万ほど借りて、それを定期預金してほしいと要求されたのが原因である。これが悪名高い「歩積み両建預金」である。

貸出金利と定期預金金利の差額は銀行の丸儲け、すなわちこれも「裁定取引」である。銀行ゲームの銀行役として連戦連勝を続け、後に銀行マンになった兄は、「そういうことになっているのだから仕方がない」と言って、叔母の愚痴に取り合わなかった（これは、一旦は大蔵省から自粛通達が出たが、平成元年に復活したということだ）。

銀行は多くの人から借り入れた資金（預金）を、なるべくリスクの少ない方法で運用する責任を負っている。したがって、住宅を担保に取り、連帯保証人を立てさせたうえに、「歩積み両建て」まで要求したというわけである。

ここで話を住宅ローン担保証券に戻そう。証券化すればリスクをゼロにできるのだから、銀行はこのビジネスに飛びついた。証券化を加速したのは、一九九〇年代に導入された「ＢＩＳ規制」である。国際業務を行う銀行は、八％以上の自己資本を持つことを義務づける規制だが、住宅ローン貸出分はリスク資産とみなされるので、これが多いと自己資本比率が小さくなって業務に支障が出る。一方、証券化してこの債権を売却すれば、自己資本比率が大きくなる。この意味からも、できるだけ多くの住宅ローンを証券化して売ったほうが得である。

かくして銀行は、返済能力に不安がある低所得層にも住宅ローン（サブプライムローン）を貸し出し、投資銀行がその債権を証券化して、投資家に売りまくったというわけである。

格付けは半分〝アート〟？

住宅ローン担保証券は、発行する側にとって誠に都合のいい商品である。しかし、発行側にとっておいしいということは、買う側にとってはリスキーだということである。ところがそのリスクは、ハイリスク・ハイリターン商品からミドルリスク・ミドルリターン商品を経てローリスク・ローリターン商品に分解され、それぞれの商品には、格付け会社（機関）がきちんとした計算に基づく格付けを与えているので、心配はいりません——。格付けが適正に行われていれば、そのとおりだろう。

私がこの商品について抱いた疑問は、どの程度正確にリスクを推計することができるのか、という点である。デフォルト・リスクは、〝連鎖倒産〟を無視したうえで、経済情勢に大きな変化がないものと仮定すれば、ある程度推計可能である。難しいのは、満期前繰上返済リスクの計算である。これには、金利水準、経済情勢、雇用状態などが絡んでくるからである。一年先でも難しいのに、三〇年も先のことまで考えなくてはならないのだから、専門家でなくても、この作業が容易ならざるものであることがわかるはずだ。

では格付け会社は、このような作業をきちんとやっているのだろうか。古くから企業や債券の信用を測るために用いられているのが、アメリカではムーディースやスタンダード・アンド・プアーズ（Ｓ＆Ｐ）、日本では日本格付け投資情報センターや日本格付研究所が行っている「格付け」である。

このために使われるのは、企業の財務データや経営者の資質、戦略目標、販売戦略、資本調達方法、企業系列、将来計画など極めて多岐にわたる。格付け機関は、これらのデータをどのように組み合わせて格付けを行っているかを企業秘密として公開していないので、具体的なことはよくわからない。恐らくはまず財務データをもとに一次格付けを実施し、それを定性データと組み合わせて、最終格付けを行っているものと推定される。

しかし、最大手格付け機関Ｓ＆Ｐの責任者が、「格付けは半分アート（主観）であり、半分サイエンス（客観）である」と言っているところを見ると、かなり主観に頼る部分が多いのではないだろうか。

不明なところが多い格付けだが、それでも格付け機関が絶大な権威を持っているのは、一九三〇年代の大恐慌の際に、格付けの高い会社の倒産率が低かったからだという。

企業の格付けに限らず、「評価」というものはもともと大変難しいものである。大学に勤めていると、教官の採用や入学試験などで、しばしば人間の格付けを行わされる。このような場合、極めて優秀な人と全くダメな人については評者の意見が一致するが、難しいのは中間部分である。恐らく格付けも同じだろう。最上位のＡＡＡ（トリプルＡ）や最下位のＣは誰もが一致するが、中間はかなり曖昧なのではなかろうか。しかしＡＡがＡに落とされると、融資の際の条件に大きな違いを生むのである。アートなら（学校の成績のように）せいぜい五段階が限界ではないだろうか。一七段階に分けようというなら、サイエンス九割、アート一割を要求したいものである。

さて、格付け会社は、住宅ローン担保証券の格付けを請負っているわけだが、その作業は企業の格付けよりずっと難しい。科学には手間がかかるが、アートなら手抜きができる。そして手抜きの結果が、発行側――銀行と証券会社――に有利な結果をもたらすことは眼に見えている。

その昔、工学部の大先輩は言っていた。「超高層ビルが安全かどうかについて、専門家はきちんと計算しているから大丈夫だと保証する。しかし危ないか危なくないかは、その建物を自分の目で確かめる必要がある。計算では大丈夫ということになっていても、目で見て危ないものは危ないのだ」と。

住宅ローン担保証券を購入する側は、本来であれば自らリターンとリスクを計算しなくてはならない。しかし、特別な組織以外はそのような能力はない。リスク測定が難しいのに、住宅ローン担保証券は六〇〇兆円も売られている。では、誰が買っているのだろうか？

住宅ローンの証券化について勉強した直後に、「Management Science」誌から論文の審査依頼が舞い込んだ。住宅ローン担保証券ポートフォリオ構築に関する論文である。ここで扱われていたのは、償還期限が異なる何百種類もの証券を組み合わせて、三〇年間にわたる投資のリターンとリスクを最適化する問題であるが、これまでに見たこともない超超大型の線形計画問題を目にして、ここまでやるかと驚きを禁じ得なかった。

ところがここまでやっても、得られた結果は信頼に足るものではない。なぜなら、何年も先の金利水準や経済情勢がどうなっているか、わからないからである。

では、私はこの論文にどのような審査報告を書いたのか？　多分、合格サインを出したのだろう。あれほどの努力を一片の報告でボツにしたら、私の頭のどこかに、申し訳ないことをしたという気持ちが残っているはずだからである。

遅れて始まった信用リスクの研究

わが国で信用リスクに関する研究が本格的に行われるようになったのは、一九九〇年代に入ってからである。六〇年代に研究が開始されていたアメリカに比べて、二〇年以上も遅れたのは、日本ではこの種の研究に対するニーズがなかったためである。

もちろん銀行内部では、おカネを貸すに当たって信用リスクを考慮に入れていたはずだが、担保を取ったうえに連帯保証人を立てさせれば、仮に倒産しても損害はそれほど大きくない。また、放っておけば倒産しそうな企業に対しては、人材と資金を投入して事業の建て直しをはかるのは当たり前のことである。これで持ち直せばめでたしめでたしだし、よくならないときはさらにおカネをつぎ込む。そして倒産するのは、いよいよどうにもならない状況になってから、というケースも多い。

つまり日本における企業倒産は、個別的な事情によるところが大きいうえに、この種のデータは銀行の中に秘匿され、表に出てくることはなかったのである。

しかし一九九〇年代に入ると、バブル崩壊によって倒産件数が激増した。銀行自体が倒産しそうな状況で、倒産しそうな企業におカネをつぎ込むことはできない。少しでも危ないところがある企業からは貸し剥がしまでやって、資金を回収したくらいである。

バブル崩壊後、銀行や商社は取引企業に対する信用リスクの計量を本格的に行うことになった。相手が大企業であれば、格付け機関による格付けによって、企業の倒産リスクがわかる。たとえばＳ＆ＰからＡＡＡの格付けをもらっている企業の中で、倒産するのは〇・三％（一〇〇〇社中三社）程度だと言われている。

ところが、大企業がおカネを借りてくれなくなったため、銀行は中小企業を相手にせざるを得なくなった。この結果、多数の中小企業の倒産リスクを計測する手法が必要になった。

一九九九年四月、東京工業大学に金融工学研究のための組織「理財工学研究センター」が設立されたとき、その一一年前に取り組み始めた私の市場リスク研究は、最終段階を迎えていた。残るは、取引コストを厳密に扱う計算手法の開発だけだが、これにも目途がついていた。その後もやるべきことがないわけではないが、この分野で研究を続けても大きな収穫は得られないだろう。

そろそろ金融工学研究も店閉いかと思ったところに、新たなテーマが浮上した。「理財工学研究センター」がスタートさせた、インターネット・ファイナンス・プロジェクトとの関連で、多数の中小企業の信用リスクを、高速かつ安価に計算することが必要になったのである。

このプロジェクトは、インターネット上のオークションで、投資家が有望な中小企業に融資（投資）することを可能にしようというものである。銀行から融資を受けることができない中小企業と、定期預金や国債投資よりは〝ましな〟利息を手に入れたいと考える個人とをつなぐシステム作りで、これを可能とする第一の条件が、各企業の倒産確率の推計と、そのリスクに見合う金利を計算するモデルである。

では、万単位の中小企業の倒産確率を、高速かつ安価に計算する方法なんてあるのだろうか。

それがあるのだ。世の中のニーズに応えて様々な手法が開発されているが、そのなかで本命と見られているのが、売上高、営業利益、負債比率、ＰＥＲ（株価収益率）、ＰＢＲ（株価純資産倍率）、自己資本比率などの財務データを用いた、「ロジット・モデル推計」である。

この方法は、大量のデータの中から何らかの法則性を抽出しようとする「データマイニング」手法の一つで、経営学的分析に基づいたものではない。したがって、経営学者はこのような方法には根拠がないと批判するだろう。

実は長い間、私もそう考えていた。しかし使ってみると、この方法はなかなかイケルのである。たとえば、この方法で計算した各企業の倒産確率pをもとに、「pが〇・九以上の企業は一年以内に倒産する」と予測したものとしよう。このとき倒産グループに入った企業のうちで、実際に倒産したものが何％あるか（これをq_1とする）、また非倒産グループに入った企業で、実際には倒産しなかった企業が何％あるか（これをq_2とする）を測定する。理想としては両方とも一〇〇％であってほしい。

pの閾値を大きくすれば、q_1を一〇〇％に近づけることができる。その一方でq_2は小さくなる。なぜなら負債比率のケースで考えると、pを〇・九九九とすれば、負債比率が極めて大きい企業だけが倒産グループに入るから、それらはほとんど確実に倒産する。その一方で、非倒産グループの中からも多くの倒産企業が出るものと予想される。

二〇〇五年に、中小企業の倒産予測を売り物とするベンチャー企業の記事が週刊誌に載った。この会社の倒産予測は精度がいいので、多くの企業がこれに注目し、近々マザーズ市場に上場されることになっているという内容だった。

専門的知識がない人がこの記事を読めば、O社が倒産と予測すれば一〇〇％倒産、倒産しないと予測すれば一〇〇％倒産しないと考えるだろう。しかし、そんなことはできるはずがないのである。倒産を一〇〇％の精度で予測するためには、倒産しないと予測した企業群から、多くの倒産企業が出ることを覚悟しなくてはならない。

つまり百発百中で倒産予測ができるといっているのは、確実に倒産しそうな数％の企業と絶対に倒産しそうもない数％の企業だけであって、残りの大多数については何も言わないということではないのか？

ある種のユーザーにとっては、それで十分かもしれない。しかし何千社にも及ぶ中小企業と取引がある銀行や商社はこれではすまない。事実大手商社は、金融工学手法を用いて銀行顔負けの倒産分析を行っている。

理財工学研究センターが目指したのは、「倒産と予測した企業の九〇％以上が倒産し、倒産しないと予測した企業の九〇％以上が倒産しない」ことを保証する方法を見つけることである。判別対象を大企業に限れば、この目的を達成することは可能だろう。しかし中小企業の場合は、大企業と違って財務データに信憑性がない（粉飾されている）ので、精度を上げるのは難しい。ある専門家によれば、売上げが三〇億円以上の企業はともかく、一〇億円以下の企業の財務データは、まったくあてにならないということだ。

それにもかかわらず、われわれはロジット・モデルを改良することにより、予測精度八五％を実現することに成功した。今後このモデルを一層改良して、一歩一歩九〇％に近づけたいと考えている。

よりエレガントな方法

企業の倒産確率を推計する方法としては、ロジット・モデル推計のような〝野蛮な〟方法以外に、より〝エレガント〟な方法が提案されている。その代表は企業の資産と負債の時間的変化を確率モデルで表現し、一定時間後に純資本（資産マイナス負債）がゼロ以下になる確率を計算し、これをもって倒産確率とする方法である。

マートンは株価が幾何ブラウン運動に従うことを前提に、株価が映し出す企業価値（純資産）

も幾何ブラウン運動に従うことを仮定して、オプション理論を適用することを提案している。しかしエンジニアの立場から見ると、倒産がこのような単純なモデルで記述できるとは思えない。

また、この前提を認めたとしても、これを実務に利用するうえでは、パラメータの推定をはじめとする様々な問題がある。理論としてはエレガントだが、実務には？が付くモデルである。

もう少し実用的な方法としては、格付け推移行列を用いる方法がある。

たとえばS&Pの格付けには、AAAからCCに至る八段階（その中間の段階を含めると一七段階）があるが、最も信用力が高いAAA企業の中で、一期後に倒産する企業は一〇〇〇社中三社程度だとされている。

では、現在AAAの会社が、二期後までに倒産する確率はどれほどか。ここで使われるのが格付け推移行列である。ここには、一期後にAAAからAAに滑り落ちる企業の割合pが示されている。AA企業が一期後に倒産する確率が一％だとすると、現在AAAの企業が二期後までに倒産する確率は、

$$0.003 + (0.997 - p) \times 0.003 + 0.01 \times p$$

となる。

この方法は、格付けに信憑性があることを前提にしているから、その前提が崩れれば砂上の楼閣となる。実際、サブプライム危機は、格付け機関の手抜き（もしくはインチキ）が原因となったと考えられている。

第 六 章

リスク管理の限界

デリバティブ

〝悩ましい〟デリバティブ

「投資と金融のＯＲ」研究会が設立された一九八八年当時、金融工学研究の中心テーマは「オプション」をはじめとする「デリバティブ（金融派生商品）」だった。野球で言えば「エースで四番」。それに比べると、私が取り組んでいた資産運用理論は、「ライトで八番」という扱いだった。

どの分野でも、新しい理論が社会に大きな影響を与えるようになるまでには、かなりの時間がかかるものである。しかし一九七三年に誕生したオプション理論は、同じ年にシカゴに設立されたオプション取引市場の成長と並行して、急速に普及した。テキサス・インスツルメンツ社の電卓が爆発的に売れたのは、その中にブラック＝ショールズのオプション公式を組み込んであったためだと言われたほどである。

金融経済学（ファイナンス）の世界では、「ブラック＝ショールズ理論」が生まれた一九七〇年代はじめから八〇年代はじめまでの一〇年間を、「黄金の一〇年」と呼んでいる。スタンフォード大学のダレル・ダフィー教授によれば、この一〇年の間に、経済学としてのファイナンス理論はほぼ完成したという。元横綱が一言付け加えれば、この頃を境にファイナンスは、経済学から工学に移行したのである。

「投資と金融のＯＲ」研究会の発足を前に、私はニューヨーク大学スターン・ビジネススクールの二人の教授が、ウォール街を目指す学生のために書いた教科書を集中的に勉強した。ところが一九八七年に出たこの本、Elton=Gruberの『Modern Portfolio Theory and Investment Analysis』の第3版には、デリバティブについては最小限のことしか書かれていなかった。

二〇〇七年に出た最新版では多少補強されているが、金融工学の専門家から見れば、ほんの入り口だけをカバーしただけの内容である。ビジネススクールの学生の〝プアを通り越してミゼラブル〟な数学力を前提とすれば、この程度が限度なのだろうが、エンジニアが集まる研究会の主査を務めるからには、きちんと勉強しておく必要がある。

そこで私は、一九七三年に発表された、フィッシャー・ブラックとマイロン・ショールズの歴史的論文、「The Pricing of Options and Corporate Liabilities（オプションと企業負債の価格付け）」を読んでみた。ところが、途中の数式展開が省略されているため、なぜこのような結果が得られるのかよくわからない。

理工系出身の二人の若者が書いたこの論文は、二つの経済系ジャーナルから拒絶査定を受けたあと、効率的市場理論で有名なシカゴ大学のユージン・ファーマ教授の口利きで、やっと掲載にこぎつけたいわく付きの論文だが、第三のジャーナルの編集方針に従って数学的議論の大半を削除した結果、骨と皮だけの論文になってしまったのだ。

インターネットで「Google Scholar」を検索すると、この論文は、本書執筆時点で一万三一〇三回も引用されていることになっているが、本当に読んだ人は一割以下だろう。実務家は結論だけわかればいいが、研究者はそれで済ますわけにはいかない。

その後私は、勧角証券の数理グループがまとめたレポート（これはよくできていた）や、Jarrow = Rudd の『Option Pricing』、Cox = Rubinstein の『Options Markets』などの教科書を読んで、およそのことを理解したのであるが、ここでわかったことは、私の確率論の知識ではこの分野でオリジナルな研究成果を出すのは難しい、という厳粛な事実だった。

一九九三年に設立された応用数理学会「数理ファイナンス研究会」の主査を務めた二年間、私は確率論の専門家（数学者）の高度な数学議論につきあいながら、数学としてのファイナンス理論（数理ファイナンス）を確立しようとする数学者と、役に立つ技術（理財工学）を目指すエンジニアとの距離の大きさを実感することになったのである。

コールとプット

数理ファイナンスと金融工学（理財工学）の違いに関する議論はひとまず脇において、デリバティブ商品の中で最もよく知られている、「コール・オプション」について説明しよう。

この商品は、将来の一定時刻T（権利行使時刻）に、ある資産（原資産）を一定の価格K（権利行使価格）で購入する「権利」のことをいう。

権利行使価格Kが一〇〇〇円のコール・オプションを購入した人は、権利行使日Tに資産価格S_Tが一一〇〇円になっていれば、権利を行使してこれを一〇〇〇円で手に入れ、市場で一一〇〇円で売ることによって、一〇〇円の利益が手に入る。一方、権利行使日に価格が九〇〇円になっていたら、権利を放棄すればオプション購入代金以上の損害は出ない（図表6－1参照）。

はじめてこの商品を知った人は、「そんなうまい話があるのか」と驚くかもしれない。実際、東京工業大学機械工学科のN教授は、日経225を原資産とするコール・オプションの購入を勧めにきたD銀行の支店長代理に向かって、「このような不道徳な商品を売りにくるのは許せない」と叫んだということだ。

支店長代理はその足で、オプションに詳しいはずの私のオフィスを訪れ購入を懇願したが、ブラック＝ショールズ公式を使って計算した価格に比べて、かなり割高な値段が付いていたのでお断りした。

アメリカでは当たり前になっていたオプション取引だが、日本の大蔵省は長い間これを認可し

図表6-1　コールの収益

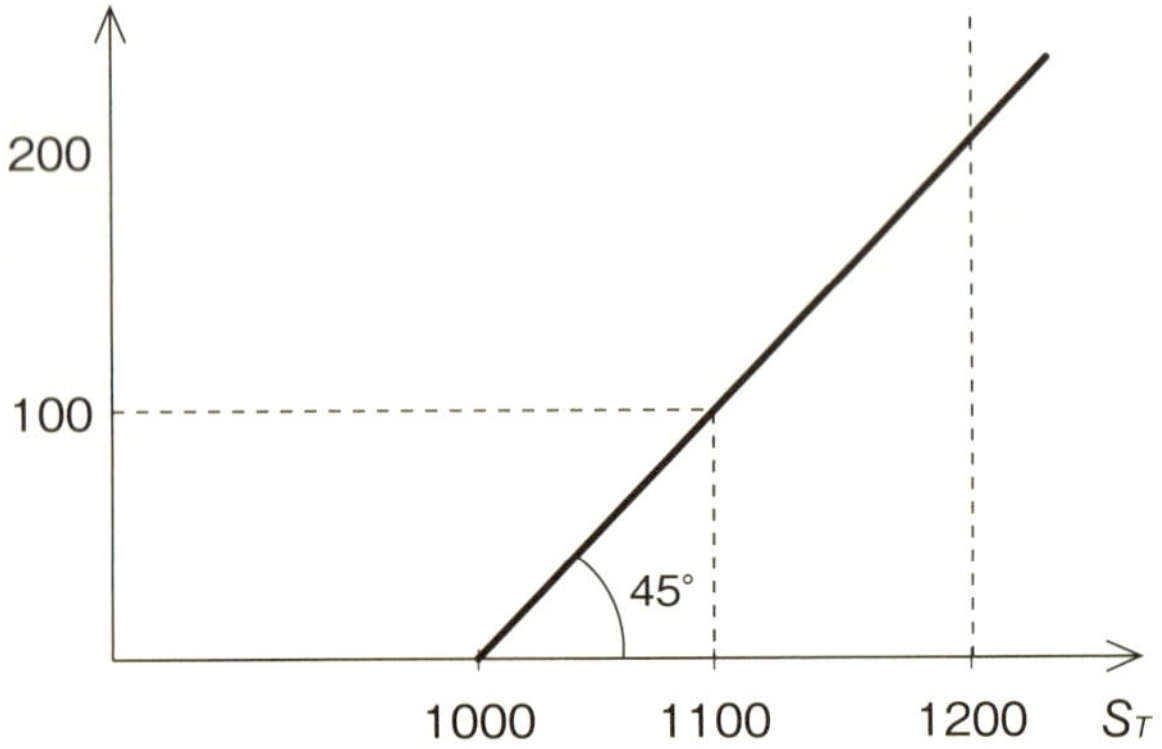

なかった。この種の商品はギャンブル性が高い、と判断したためである。そしてそれには十分な根拠があった。

たとえば将来株価が上がると判断して、権利金五〇円を支払って権利行使価格が一〇〇〇円のコール・オプションを買った人は、予想通り株価が一一〇〇円になれば一〇〇円の利益が手に入る。五〇円の投資で一〇〇円が手に入ったのだから、儲けは五〇円、収益率で言えば一〇〇％である。

また、株価が一二〇〇円になれば、三〇〇％の利益が手に入る。普通の株取引でこれだけの収益率をあげることは難しい。その一方で、もし株価が九〇〇円になれば、投資したおカネはゼロになる。収益率はマイナス一〇〇％である。株の動き

図表6-2 プットの収益

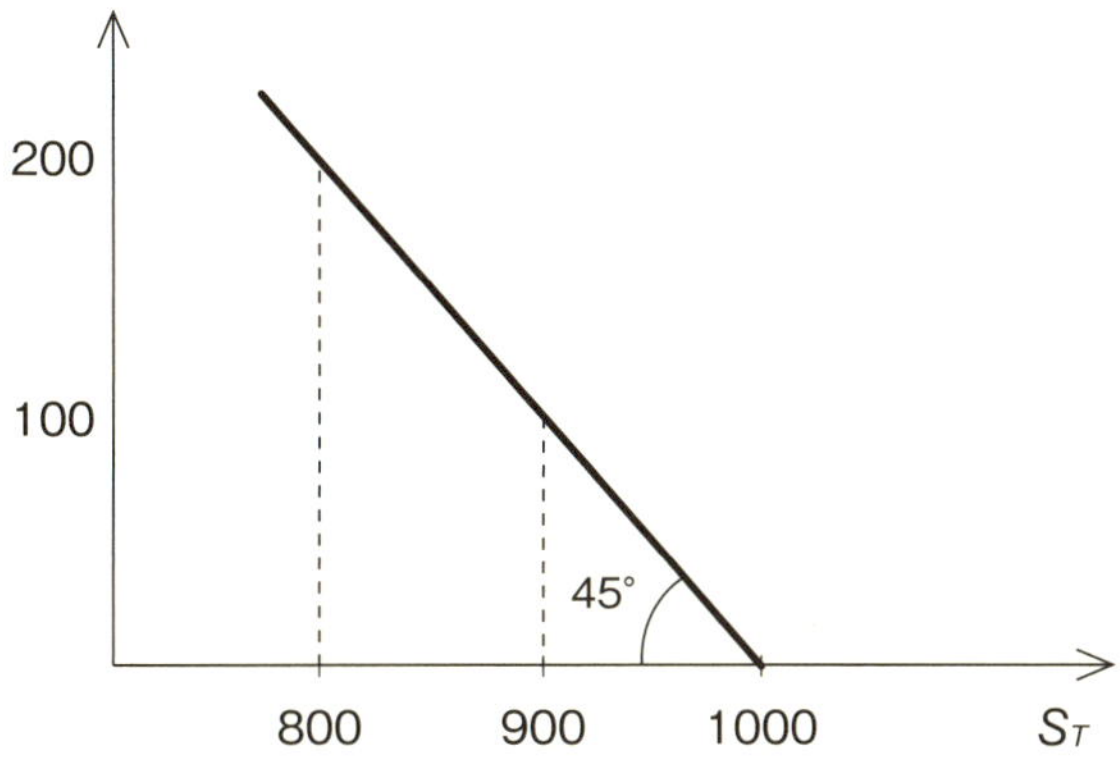

がランダム・ウォークだとすると、下がる確率は五〇%だから、オプションは二回に一回は収益率がマイナス一〇〇%という危険な商品である。

一般市民相手に、このような投機性の高い商品を売るのは望ましくない。大蔵省はこう考えたのである。しかしギャンブルとばかり言い切れないのは、次のような使い方ができるからである。

いまある企業が、年金資金を日経２２５インデックスに投資しているものとしよう。インデックスの価格が下がると企業は困る。では安全な国債に乗り換えればいいかといえば、国債の利回りはあまりにも低すぎる。こんなときに、コール・オプションと対になる「プット・オプション」を買っておけば、株価の値下がりリスクを回避することができるのである。

図表6-3　プロテクティブ・プット

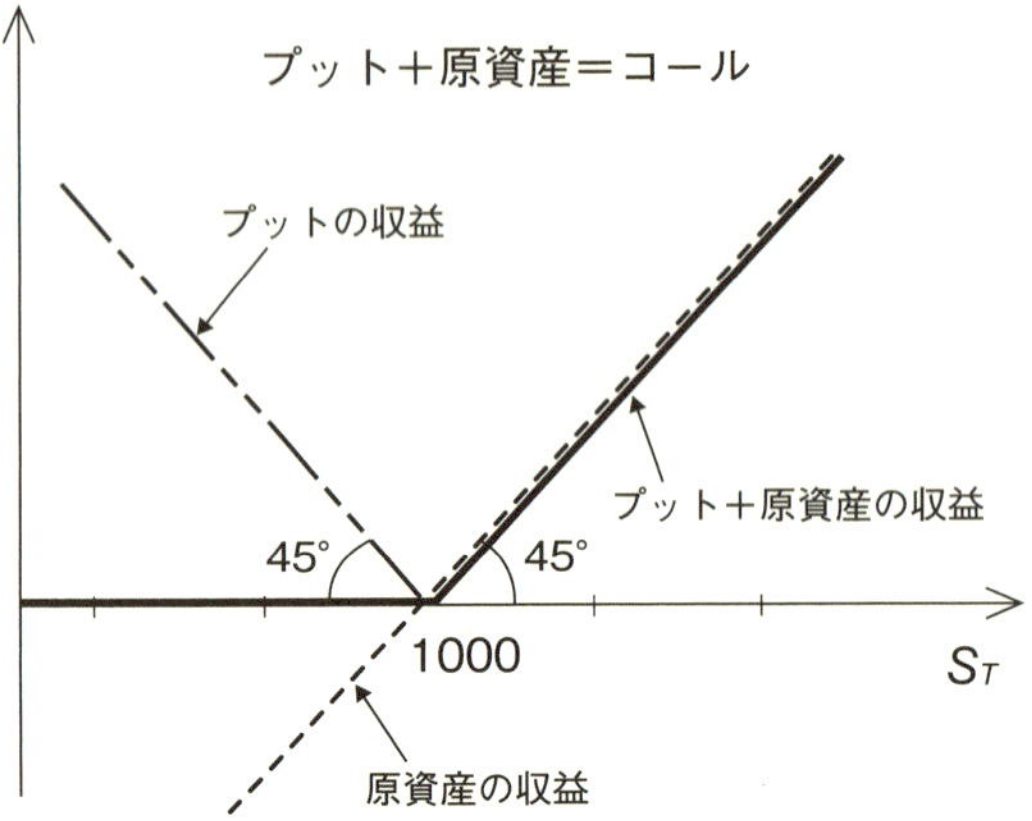

プットというのは、一定の時刻Tにある株を一定の価格Kで「売る」権利のことである。たとえば、一か月後に株を一〇〇〇円で売る権利「プット」を購入したものとしよう。一か月後に株価が九〇〇円になっていれば、一〇〇〇円との差額一〇〇円が手に入る。一方株価が一〇〇〇円を上回るときには、権利を放棄すれば損害は権利金だけで済む（図表6－2）。

これもまたハイリスク・ハイリターン取引だが、日経225インデックスを一万単位保有する企業は、プット・オプションを一万枚買うことによって、株価下落のリスクを免れることができるのである（図表6－3）。

オプションは、本来このようなリスクヘッジの目的で考案された商品である。

さて、買い手が損害を回避できるということは、売り手が損害を引き受けるということである。売り手にはオプション料が手に入るが、それを遥かに上回る損害を蒙る可能性がある。このためコールやプットを売る人には、予め保証金を差し入れる義務が課せられる。

フィッシャー・ブラックとマイロン・ショールズ

では、コール・オプションの価格は、どのように決まるのか。経済学界の大御所であるサミュエルソン教授を悩ませたこの問題を解いたのは、学部時代に物理学や計算機科学を勉強した二人の青年、フィッシャー・ブラックとマイロン・ショールズである。

コールの価格は、この契約から得られる収益によって決まる。収益を決めるのは権利行使日における株価の分布である。ＣＡＰＭによれば、将来の不確定な収益の現在価格は、その平均値をリスク・プレミアムを加味した金利で割り引けばいい。ではオプションの場合、どのような金利で割り引けばいいのか。これが問題の核心である。

この問題を解くためにブラックとショールズが採用したのは、「複製」というアイディアである。

原資産 u 単位の価格からオプション価格 C を差し引いたもの、すなわち $uS-C$ を（短時間の間であれば）一定値となるようにすることはできないだろうか。もしそれが可能であれば、$uS-C$ は無リスク資産（収益率が変動しない資産）になるはずである。逆に考えれば、無リスク資産何単位か――これを v 単位としよう――と原資産 u 単位を組み合わせたものが、C と一致するはずである。

ではこのような u と v は存在するのか。ブラック＝ショールズは、原資産価格が幾何ブラウン運動に従うことを仮定したうえで、「伊藤の理論」を使ってこのような u、v が存在することを示し、その結果を用いてコール・オプションの価格が、

$$C = S_0 N(h) - Ke^{-rT} N(h - \sigma\sqrt{T}) \quad \cdots\cdots\cdots \quad (6.1)$$

で与えられることを証明した。ここで S_0 は現在の株価、K は権利行使価格、r は無リスク資産の収益率、T は権利行使までの時間、σ は株価の変動率を示す「ボラティリティー」と呼ばれる定数、N は規準正規分布の分布関数、h は以下の式で表される定数である。

$$h = \{\ln \frac{S_0}{K} + rT + \frac{\sigma^2}{2} T\} / \sigma\sqrt{T} \quad \cdots\cdots\cdots \quad (6.2)$$

図表6-4 コールの価格(ブラック=ショールズ公式)

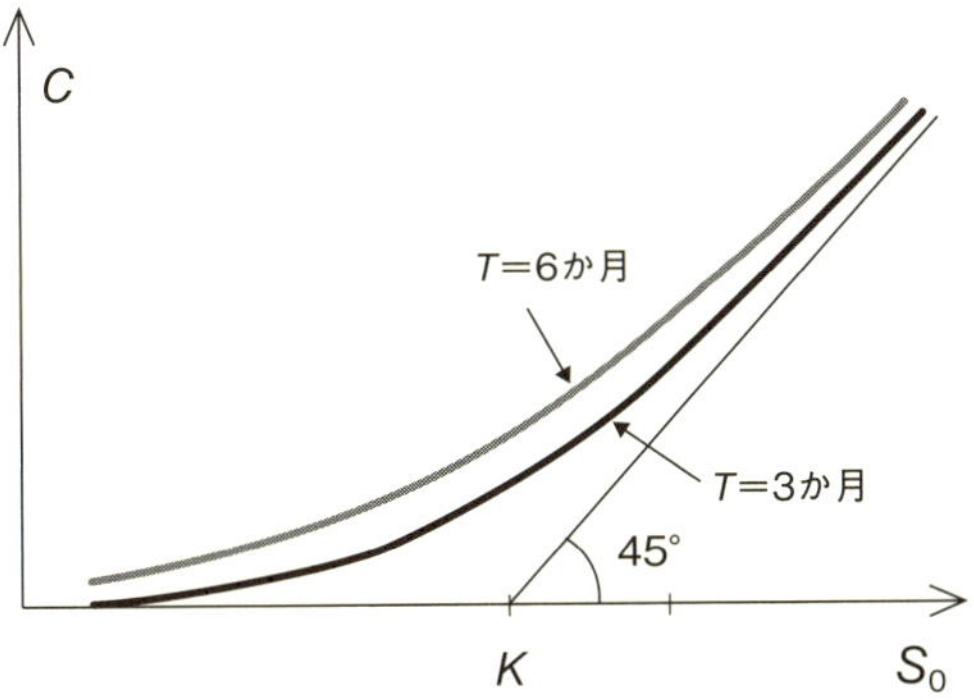

文系の人にはわけのわからない式だろうが、大学で統計学を勉強したことがある人にとっては、それほど難しいものではない（美しい理論というものは、途中の証明は厄介でも、最後の結果はシンプルなものである）。

図表6－4は株価S_0が変化したときに、コールの価格Cがどのように変化するかを表したグラフである。

デリバティブは、本来投資家のリスクをヘッジ（回避）するために生み出された商品である。実際、ブラック＝ショールズ公式をもとに考案された、株とコールを組み合わせて株価変動から資産を守る「デルタ・ヘッジ」手法が資産運用の現場で広く使われている。

しかし、既に書いたように、これを投機の目的で使用することもできる。「デリバティブは原子力発電に使えるが核兵器にもなる」と書いたのはこのためである。

デリバティブのもう一つの使い方が、「裁定取引」である。ブラック＝ショールズ理論によれば、原資産とコール・オプションの間には、公式（6.1）で表わされる関係が成立する。ところが、コールがこれより安い値段で取引されていることもある。これはアノマリー（異常）現象と呼ばれているもので、理論値と市場価格の差は「ミス・プライシング」と呼ばれている。

多数の抜け目のない投資家が集まる市場では、時間が経てばこの差は解消されるはずである。したがって、いま（理論値より安い）コールを買って株を売っておけば確実に儲かる。この際、銀行借入で資金量を膨らまし、巨額の収益を手に入れよう――。これがヘッジファンドに巨額の収益をもたらした、「レバレッジ（テコの原理）」を用いた「裁定取引」である。

複雑なオプション

ブラック＝ショールズ以後、より複雑な支払条件を持つデリバティブが取引されるようになった。いわゆる「エキゾチック・オプション」と呼ばれる様々な変種である。たとえば、株価がある範囲を逸脱すると、その時点で権利が消滅する「ノックアウト・オプション」、いくつかの商品の価格の平均値を原資産とする「バスケット・オプション」、オプションを購入（もしくは売却）する権利である「コンパウンド・オプション」等々、何十種類ものオプションが登場した。

しかし、これら複雑なオプションに対しては、ブラック＝ショールズ公式のような美しい公式が求まるケースは稀である。そこでどうするかと言えば、計算機上で原資産の動きをシミュレートし、その都度オプションから得られる収益を計算し、これを何百万回も繰り返してその平均値を取るという方法である。この種の計算は、物理学者や計算機科学者の得意技である。

もう一つの方法は、ブラック＝ショールズがやったように、価格がわかっている他の商品の組み合わせとして新商品を複製する方法である。ピッタリ合うようなものを作り出せないときは、それとよく似た動きをする組み合わせを求め、その価格で近似しようというのである。

エンジニアにとっては、これもお馴染みのテクニックである。ウォール街に多くのエンジニアが参入したのは、これらの仕事をする（させられる）ためである。また、大学に務めるファイナンス研究者も、これらの研究で業績を稼いだ。

では、価格が一意的に決まらない場合はどうか。無裁定原理によって価格の幅が求まれば、その範囲のどこかで取引が成立するだろう。ところが、なかには価格幅すら求まらないデリバティブもある。しかし投資銀行は、このようなデリバティブをナイーブな投資家に売りつけていた。

第一章で紹介した『フィアスコ』には、驚くような事例が沢山紹介されている

最近では、専門家でも価格計算ができないようなエキゾチック・オプションの取引は下火になったが、それに代わって急成長したのが、あとで紹介するクレジット・デリバティブである。

経済学としての到達点は、工学的研究の出発点

さてここで、オプションを代表とするデリバティブ（金融派生証券）の価格付けについて、もう少し詳しく説明することにしよう。派生商品という言葉が示すとおり、これは原資産――たとえば株式――の価格に連動した収益をもたらす商品のことをいう。

ではどのような場合に、デリバティブの価格は一意的に決まるのだろうか。この問題に関する決定的な結論を導いたのが、スタンフォード大学のマイケル・ハリソン、デビッド・クレプス両教授と、イリノイ大学のスタンリー・プリスカ教授である。念のために言えば、この三人はいずれもOR学科出身のエンジニアである。

彼等が証明した定理は、

資本市場が「完備性」という条件を満たしているなら、無裁定条件が成り立つとき、またそ

のときに限り、一意的な同値マルチンゲール測度が存在し、それをもとに将来の収益の平均を取ると、それがデリバティブ商品の価格となる。

というものである。

ここに出てくるキーワードは、「完備市場」「無裁定条件」と「同値マルチンゲール測度」の三つである。

まず完備市場とは、「市場に十分に多様な資産が存在して、他のいかなる金融商品の価格変動も、これらの組み合わせによって実現できる」という条件である。無裁定条件とは、「金融市場に裁定の機会（リスクなしで収益を得る機会）は存在しない」という条件である。また、同値マルチンゲール測度とは、「収益率分布にある種の変換を施して得られる確率分布」のことをいう。

この定理は、アロー＝ドブルー以来の一般均衡理論をベースに、確率積分（伊藤の理論）と数理計画法（双対理論）を駆使して導かれた、金融経済学上の一大金字塔である。

では実際の金融市場は、上記の条件を満たしているのだろうか。まず完備性だが、残念ながら現実の金融市場には、それほど多くの金融商品は存在しない。経済学者は、様々な新商品が流通するようになれば、市場は完備な状態に近づくと言うが、それは有理数全体を有限個の整数で近似しようというようなものである。

二つ目の無裁定条件はどうかと言えば、市場に多くの抜け目ない投資家が存在すれば、裁定機会はすぐに発見され、それを利用した裁定取引によって早晩消滅する。したがって、この前提は、大よそ成り立っていると言ってよいだろう。

ハリソン＝クレプス＝プリスカの定理は、これらの条件が満たされれば、デリバティブの価格が同値マルチンゲール測度による平均値になるというのだが、実際にこの定理の条件が満たされるケースは稀である。

価格の存在と一意性を示したハリソン＝クレプスの定理は、経済学としてのファイナンスの一つの到達点を示したものである。しかし、具体的な価格を計算するうえでは、これは出発点に過ぎないのである。

「流動性の欠如」には勝てない

オプション市場では、いろいろな資産を原資産とするオプションが取引されるようになったが、その大半は何らかの指数（インデックス）を対象とするものである。一方、ブラック＝ショールズ理論によれば、株式と無リスク資産を組み合わせることによって、プット・オプションとそっくりの収益を生み出すことができる。

これを利用した取引が、一九八〇年代半ばにニューヨーク市場で大流行した「ポートフォリオ・インシュアランス」である。株式ポートフォリオと無リスク資産を組み合わせて、ポートフォリオに対するプット・オプションを複製することができるのならば、これによって価格低下のリスクを免れることができる。実際には、取引コストを節約するために先物などを利用することが必要だが、ファンド・マネジャーはこのアイディアをもとにした「プログラム・トレーディング」で大儲けした。

しかし、思いがけない事態の発生で、熱は一挙に醒めた。ブラック・マンデーで株価が下落したとき、株を売ろうとしても買ってくれる人がいなくなってしまったのである。これを市場に「流動性」がなくなったという。

儲かるはずが大損を出して破綻したＬＴＣＭの場合も、また今回のサブプライムローン問題も、その原因の一つは市場の流動性の欠如である。

「天候」を対象にしたデリバティブ

「天候デリバティブ」というのは、気温、降水日数、降水量、降雪量などの気象指標がある条件を満たしたとき、一定の契約金が支払われる商品である。

日本における最初の天候デリバティブは、東京電力と東京ガスの間で結ばれたもので、夏の間の気温が高く（低く）なると販売量が増加（減少）する東電と、逆に気温が高く（低く）なると販売量が減少（増加）する東ガスが、契約期間中の平均温度があるレベルを超えたとき、東電が東ガスに一定の契約金を支払い、逆にあるレベルを下回ったとき東ガスが東電に一定の契約金を支払うという契約である。

最近では、保険会社が天候デリバティブ・ビジネスに乗り出している。たとえば東京海上日動のホームページを見ると、「契約期間中に六日以上の降水日があれば、支払い限度五〇〇万円以内で、一日当たり五〇万円を支払う」という商品が紹介されている。

気象条件に業績が左右される企業が、損害を回避するためにかける保険の一種であるが、保険が実際の損害額をもとに支払いが行われるのに対して、天候デリバティブは損害額とかかわりなく、契約に示された気象条件が満たされたとき、一定額を支払うところに違いがある。

株式オプションなどと違って、天候デリバティブの場合は、価格決定に当たって確率微分方程式や無裁定条件といった〝高度な〟数学を使う必要はない。東京海上日動火災のケースについて言えば、過去の気象データや気象庁の長期予報などをもとに、支払額の分布を推計し、その平均値と分散などを手掛かりに料金を算定するのであろう。

ハイエナ・ギャンブル

ローン（貸したおカネ）や債券の保有者に対して、決められたとおりの支払いが行われないリスクを「信用リスク」という。ローン債権のリスクを回避するための方法である証券化については、第五章で詳しく説明した。信用リスクを回避するもう一つの方法が、以下で述べる「クレジット・デリバティブ」である。

クレジット・デリバティブにも様々なものがあるが、ここでは二〇〇八年時点でその八割を占めるといわれる「クレジット・デフォルト・スワップ（CDS）」について説明しよう。日本語に訳せば「信用リスク取り替え」である。

いまある投資家が、A社が発行した債券一〇億円を保有しているのものとしよう。万一、A社が倒産すると、このおカネは返ってこない。このときX銀行が発行するA社に関わる想定元本一〇億円のクレジット・デフォルト・スワップを購入しておけば、A社が倒産したとき一〇億円をX銀行が支払ってくれるという仕組みである。

つまり、これは一種の保険であるが、普通の保険と違うのは、A社の債券を保有していない人でも、A社に関わるCDSを購入できることである。生命保険で言えば、関係がない第三者に死亡保険をかけ、その人が死亡したら保険金が手に入るという仕組みである。東京工業大学機械工学科のN教授なら、コール・オプションのとき以上に激怒すること受け合いのギャンブル商品である。

CDSは一九九七年にJPモルガン・チェース銀行によって考案されたもので、二〇〇〇年当時の想定元本は一兆ドル程度だった。ところがその市場規模は急拡大し、〇七年には四五兆ドルに達した。これに対して、市場で取引されている債券は総額二五兆ドル程度だから、少なくとも二〇兆ドル分は第三者が保有している計算になる。

私が二〇〇〇年に出した『金融工学の挑戦』で、この商品について全く触れなかったのは、当時のCDSの想定元本は一〇〇兆円程度で、受け渡しされる保険金の総額はその〇・五％程度、すなわち高々五〇〇〇億円程度に過ぎなかったからである。住宅ローン担保証券の市場規模四〇〇兆円に比べれば、千分の一程度のマイナーな商品である。ところがこの市場は二一世紀に入ってから急激に膨らみ、〇三年から〇七年までの四年間で約一〇倍になった。

なぜこれほど増えたのか。債権を保有している銀行が、BIS規制を考慮して保険を買ったこと――これによってリスク資産を自己資本算定から外すことができる――と、投機目的の第三者、すなわち投資銀行やヘッジファンドがこの市場に参入し、他人の倒産で儲けるハイエナ・ギャンブルを楽しんだからである。

ＣＤＳ——手抜きされた格付け

では倒産ゲームの参加料、すなわちＣＤＳの価格はどのようにして決まるのだろうか。その基礎になるのは、各企業の倒産確率の推計である。そして、この難しい計算を請け負うのが、Ｓ＆Ｐやムーディーズなどの「格付け会社」である。彼らは、どのような方法を使っているかを公表していないが、自ら「半分アートで半分サイエンス」だと言っているからには、経験と勘に頼る部分が大きいのだろう。

大企業相手であれば、格付け推移行列を用いる方法があるが、格付けデータがない中小企業や個人の住宅ローンに適用することはできない。企業の純資産がブラウン運動に従うものと仮定して、オプション理論を当てはめるマートンの方法はビューティフルだが、本当にこんなモデルでいいのかと聞かれれば、「わかりません」と答えるしかない。また我々が、中小企業の倒産確率判別に採用しているデータ・マイニング手法も、八五％当たればいいところである。

信用リスク計測の専門家として断言するが、企業（もしくは企業が発行する債券）を八段階ないし一七段階に分類することができるような倒産確率推計法は、まだ完成していない。市場で取引されている債券価格から倒産確率を逆算する方法もあるが、このためには、「投資家全体の判断が正しく倒産確率を言い当てているはずだ」という神話を信じなくてはならない。

倒産確率がわからなくても、債券価格をもとに無裁定条件を用いてCDSの価格を計算する、ダフィーやハル＝ホワイトの方法もあるが、これもまた債券価格が企業のリスクを正しく反映していることを前提に組み立てられたものである。

それでも、倒産企業が一〇〇〇社中二社程度しかなかった時代には、保険料を適当に設定しておけば、保険会社は大数の法則により十分な利益を手に入れることができた。一方、買い手は、どうせギャンブルなのだからという安易な気持ちで、この商品を購入していたのではなかろうか。

ところが、何らかの事情で債務不履行が急増すると、CDSを売り出した側は、保険料ではカバーしきれない大損害を蒙ることになる。サブプライムローン破綻の際に、CDSの売り手であるAIGやリーマン・ブラザーズなどが経営危機に陥ったのは、多額の保険金支払いが必要になったからである。

「理論」が限界を越えるとき

私がデリバティブの研究に手を出さなかった第一の理由は、その基礎である確率（過程）論が苦手だったためである。アメリカ留学時代に数千時間を投入したにもかかわらず、わかった感覚が手に入らなかったのだから、五〇歳を目前にして勉強し直したところで、その道のプロになれるとは思えない。しかし、研究しなかった理由はそれだけではない。

先物契約やコールやプットの必要性はよくわかる。豆腐屋さんは先物契約を結ぶことによって、大豆の価格変動に一喜一憂することなく、豆腐作りに専念することができる。また、年金基金のファンド・マネジャーは、原資産とコールを組み合わせたデルタ・ヘッジや、原資産とプットを組み合わせたプロテクティブ・プットで、資産価格下落のリスクを回避することができる。

一方、より複雑な支払条件を持つエキゾチック・オプションは、リスク回避の手段としてではなく、はじめから投機目的のために設計された商品である。この種の商品の価格付けの研究は、やってみれば面白いのだろうが、それは原子力で言えば、発電ではなく高性能核爆弾の研究に相当する。デリバティブ研究に手を出さなかった二つ目の理由はこれである。

もう一つの理由は、株価や金利が（幾何）ブラウン運動に従うという仮説を、十分に納得できなかったことである。幾何ブラウン運動とは、株の収益率が正規分布に従うという仮説である。しかしその仮説は、アンドリュー・ロー教授によって否定された。そこで数理ファイナンスの専門家は、ブラウン運動に代わる「レビー過程」などによって株価の動きをモデル化することを考える。しかし、それによってどのような結果が得られるのかは、まだはっきりしていない。

研究というものは、すべて何らかの仮説のうえに成立っている。物理学や機械工学の場合もそうである。しかし物理学であれば、理論が正しいか正しくないかは、実験によって検証することができる。実験結果に合わない理論は、否定されないまでも修正を求められる。

一方、経済理論の正しさを実験で検証するのは難しい。最近では、「実験経済学」という分野が注目されているが、物理現象のような精密な実験はできない。したがって、経済学者が巧妙に作り上げた理論は、めったなことでは否定されない。本当に正しいかどうかはわからないが、とりあえずこれで行きましょう、という合意の下で研究が行われる。

自ら理論を作った人はその限界を弁えている。しかし理論ができあがったあと教科書で勉強した人は、この理論の正しさを信じる。大勢の人が信じれば、やがて理論は外からの干渉を許さない王国を作る。

一九六〇年代半ばに生まれた「株価ランダム・ウォーク仮説」や「ＣＡＰＭ」はその代表であ

る。

「不可能だ」と言える勇気

金利が自由化されたあと、大きく変動するようになった金利の動きを記述するモデルとして、ブラウン運動をベースとするコックス＝インガソル＝ロス、ハル＝ホワイト、ブレナン＝シュワルツなどの名で呼ばれる金利モデルが提案された。

これらの多くは、金利がある水準のまわりをランダムに変動することを前提に作られたもので、短期的な金利変動を〝かなり〟よく記述するものとされている（実際には、これらのモデルはプリンストン大学のアイトサハリア教授によって否定されているが）。

しかし長期（たとえば一年以上先まで）にわたる金利変動を、ブラウン運動で記述することには無理がある。金利に影響を与える要因は沢山ある。沢山のランダムな要因が影響を与えるから、ブラウン運動的動きをするということなのだが、政策当局が公定歩合を変更すると金利はジャンプする。しかしブラウン運動は、短期間に大きく変化する現象を記述することはできない。

そこで理論家は、ブラウン運動にジャンプ・プロセスを上乗せして説明しようとした。東工大での同僚だった白川浩氏に世界的名声をもたらした一九九一年の論文は、ブラウン運動に待ち行列理論で定番のポアソン過程を組み合わせた、「ジャンプ拡散過程」をベースとする金利オプション・モデルを扱ったものである。

しかし、このモデルを実務に使うためには、どの程度の頻度で、またどのくらいの大きさでジャンプが起こるのか（公定歩合が変更されるのか）を知らなくてはならない。白川氏の講演を聞いていた待ち行列の専門家が、「どのようにしてパラメータ（ジャンプの頻度と大きさ）を推定するのか」と尋ねたのは当然である。

金利水準に依存して価格が変動する債券を原資産とするデリバティブの価格は、モデル次第、パラメータ次第で大きく変化する。では、どのモデルを使えばいいのか、またどのようにパラメータを決定すればよいのか。現在に到るまで、この問題には確実な解答は得られていない。「精密な価格付けができないのなら、そのような商品を売ってはいけない」などと言うつもりはない。世の中には価格がよくわからない商品は沢山あるし、価格理論にもいろいろなものがあるからだ。大事なことは、このような商品を売る側は、商品に付随するリスクをできるだけ丁寧に説明すること、また買う側も、自分にとってその商品が本当に有用であることを確かめたうえで買うことである。そして金融エンジニアの仕事は、価格計算が難しいものについては、はっきり「難しい（もしくは不可能だ）」と言うことではないだろうか。

金融工学とは「将来の不確実なキャッシュフローの計量と制御」である

金融工学とは何かと聞かれたとき、私は「将来の不確実なキャッシュフローの計量と制御」だと答えることにしている。第四章で取り上げた資産運用問題は、リスクを制御しながら将来のキャッシュフローを最大化する問題だし、第五章の信用リスク推計は、将来どの程度の確かさで貸したおカネが戻るかを計量する問題である。またこの章で取り上げたデリバティブも、将来のキャッシュフローを制御するための技術である。

将来のことはわからない。だから、いかに知恵を絞ろうがダメなときはダメ、という意見もあるだろう。しかし我々はそのようには考えない。分散投資を行えば、サブプライム危機の中でも集中投資した場合より損害は少なくて済んだし、財務データを詳しく検証すれば、企業の倒産リスクはある程度わかる。そしてオプションを使ったデルタ・ヘッジによって、資産価格の変動リスクを回避できる（可能性が高い）のである。

さて、「将来のキャッシュフローの計量と制御」ということで取り上げるべきテーマとしては、プロジェクトや企業価値の評価の問題が挙げられる。新製品を製造するための工場建設はペイするか、企業買収（M&A）は利益を生むか、といった問題である。

このような問題を分析する際に使われる標準的手法は、「DCF（割引キャッシュフロー）法」である。将来得られるはずのキャッシュフローの割引現在価値を計算して、それが現在必要な投資金額を上回れば、そのプロジェクトを実施するというアプローチである。この方法は、理論的にきわめて優れた方法だとされてきたが、割引率次第で結論が変わる。また、将来得られるキャッシュフローを正確に見積もることは難しい。

このような問題を分析する方法として、最近注目されているのが、「リアル・オプション」である。オプションという言葉から、デリバティブの一種だと思う人がいるかもしれないが、ここでのオプションはその本来の意味、即ち「選択権」として用いられている。

リアル・オプションとは、たとえば工場を建設する際に、経済状況や資金の調達状況などに合わせて建設を延期したり、規模を拡張するといった選択権（オプション）を考慮しつつ、将来のキャッシュフローを評価する方法のことである。

DCF法では、プロジェクトは所与であるものとしてキャッシュフローを計測するのに対して、リアル・オプション法では、プロジェクトが途中変更可能であることを考慮しつつキャッシュフローを評価する。この結果、DCF法では利益が出ないと判定されるプロジェクトでも、リアル・オプション法では逆の結論が出る場合がある。

この方法は、一九六〇年代以来ＯＲの分野で研究されてきた「決定分析」という手法を拡張したものであるが、いま再び脚光を浴びるようになったのは、卓抜なネーミングによるところが大きい。今後どこまで伸びるかは不明だが、有力な研究者がこの分野に参入しているので、今後予想以上の展開があるかもしれない。

あとがき

リーマン・ショックから一年余りを経て、世界を震撼させた金融危機の全容が明らかになってきたようである。

ノーベル経済学賞を受賞したコロンビア大学のロバート・マンデル教授は、二〇〇九年三月に行った講演で、金融危機に〝貢献した〟五匹のヤギとして、ビル・クリントン（元大統領）、アラン・グリーンスパン（前ＦＲＢ議長）、ベン・バーナンキ（現ＦＲＢ議長）、ヘンリー・ポールソン（前財務長官、元ゴールドマン・サックス会長）、ハンク・グリーンバーグ（前ＡＩＧ会長）を挙げた後、ルイス・ラニエリ（元ソロモン・ブラザーズ副社長）の名前を追加している。

五匹のヤギは、政府・ウォール街複合体の中心人物である。またラニエリは、住宅ローン担保証券を発明した人で、二〇〇四年にはビジネス・ウィーク誌が、一九二九年の大恐慌以後の最も偉大な発明者の一人と賞讃した人物である（この人は、カトリック系大学文系学部出身のトレーダーである）。

住宅ローン担保証券は誠に巧妙な商品である。しかし巧妙なだけあって、そのリスクの計量は極めて難しい。今回の危機は、リスク計量技術（金融技術）が未成熟な段階でこの種の商品が大量に販売され、欲張りな投資家がこれに群がったために生み出されたものである。

アメリカの識者の間では、上で紹介したマンデル教授の見解が支持を集めているのに対して、日本では依然として、サミュエルソン教授流の金融工学悪者説が力を持っている。なかでも気がかりなのは、エンジニア集団の中に、反金融工学を唱える人が増えていることである。一九八〇年代末に我々に向けられたあの冷たい視線が、再び金融工学研究者に注がれているのである。

これまでの四半世紀にわたる努力によって、やっと世界水準に追いついた金融工学がここで力を失えば、日本は今後も金融（技術）後進国の道を歩むことになるだろう。それを避けるには、いわれなき非難に対して金融工学者がきちんと反論しておく必要がある。しかし現役のエンジニアには、そのようなことをしている余裕がない。というわけで引退間近の親方が、現役力士にかわって再びまわしを締めることになったという次第である。

本書ではページ数の関係で、金融工学そのものについてはほんの一部しか紹介できなかった。より詳しいことについては、本文中で紹介したルーエンバーガー教授の決定版教科書『金融工学入門』や拙著『金融工学の挑戦』などを御覧頂きたい。

二〇〇九年九月

今野浩

今野浩　こんの・ひろし

一九四〇年生まれ。六三年東京大学工学部卒。七一年スタンフォード大学OR学科博士課程修了。電力中央研究所研究員、筑波大学助教授、東京工業大学教授を経て、二〇〇一年より中央大学理工学部経営システム研究科教授。Ph.D.、工学博士。『金融工学入門』『「理工系離れ」が経済力を奪う』、『すべて僕に任せてください』ほか著訳書多数。

日経プレミアシリーズ｜060

「金融工学」は何をしてきたのか

二〇〇九年十月八日　一刷

著者　今野　浩

発行者　羽土　力

発行所　日本経済新聞出版社
http://www.nikkeibook.com/
東京都千代田区大手町一―九―五　〒一〇〇―八〇六六
電話　（〇三）三二七〇―〇二五一

装幀　ベターデイズ

印刷・製本　凸版印刷株式会社

ISBN 978-4-532-26060-6　Printed in Japan

日経プレミアシリーズ001

音楽遍歴

小泉純一郎

私の人生には、いつも美しい旋律があった。音楽は心の奥の深いところに感動を与えてくれる――。政界きっての音楽通として知られる著者が十二歳で始めたヴァイオリン、クラシック、オペラ、プレスリー、モリコーネ、X JAPAN、ミュージカル、カラオケ愛唱曲まで、半世紀を超す音楽遍歴を語り尽くす。

日経プレミアシリーズ002

傷つきやすくなった世界で

石田衣良

格差社会、勝ち組負け組、ネットカフェ難民、少子化、サービス残業、いじめ――時代の風がどんなに冷え込んでも、明日はきっと大丈夫。若い世代に向け、著者が優しく力強いメッセージを贈る。「R25」の好評連載「空は、今日も、青いか?」をまとめたエッセイ集。

日経プレミアシリーズ003

吾々は猫である

飯窪敏彦

わがままで頑固、群れていても自由、いつでもどこでもマイペース。苦沙弥先生の家の「吾輩」が誕生してから百年と少し、今でも猫族は知らん顔で人間社会を観察しているのかも? 街角の、自宅の、海の向こうの猫たちを撮り続けてきた著者が、愛すべき隣人たちの表情を、文と写真で猫好きのもとに届けます。

日経プレミアシリーズ 004

日本をダメにした10の裁判

チームJ

若者はなぜ正社員になれないのか、どうして向井亜紀さんは母親と認められなかったのか、政治と企業が癒着し続ける理由とは……。日本の社会に、政治・経済に、そして正義に歪みをもたらす裁判の数々。その問題点に明快な論理で鋭く迫る。

日経プレミアシリーズ 005

バカ社長論

山田咲道

電気代節約で赤字が増えた、デキる社員に仕事を振ったら売上が減った……。会社の不調の原因は、いつだって社長や管理職のデタラメな判断・行動にある。会計士の視点から、会社が犯しがちな間違いを挙げ、「こうすれば、もうかる」シンプルな理論を説く。

日経プレミアシリーズ 006

ビジネス脳を磨く

小阪裕司

その頭のままでは仕事がなくなる！　予想外の理由で商品やサービスが売れ、これまでの成功方程式が通用しない時代に、頭の回路をどう切り替え、荒波を乗り越えていくべきか。「感性とビジネスの第一人者」が、最新の研究と豊富な実践例で語る「さびないビジネス人」になる道。

日経プレミアシリーズ 007

ゆるみ力

阪本啓一

あなた本来の姿（能力）は力を抜いた自然体から。「〜のせい」は不幸のもと。嫉妬心は風に飛ばせ。部下の強みは褒めて、褒めて、褒めまくる――。カリスマコンサルタントが、仕事と生活に追われ、ストレスいっぱいの現代人に贈る〝ゆるんで頑張る〟人生読本。心の深呼吸をしてみませんか？

日経プレミアシリーズ 008

人事と出世の方程式

永井　隆

激変するビジネス環境のもと、日本企業の人事政策が大きく動く。グローバル化、女性の社会進出、成果主義……。多くの企業や会社員を取材し、会社の公式見解だけでは分からない「人事の裏側」を徹底ルポ。

日経プレミアシリーズ 009

カリスマ教師の心づくり塾

原田隆史

問題を抱えた学校に赴任し、「捨て身の教育」を実践。得意の陸上競技を通じて生徒たちの心を変えて、七年間で一三回の日本一に導いた。子供たちの心のコップを上向きにし、夢や目標を与えて、自立型人間に変えてきた「原田式心づくりの指導法」を紹介する。

日経プレミアシリーズ010

カラヤンと日本人

小松潔

なぜクラシックといえばカラヤンなのか？　初来日の際に行動を共にした元N響コンサートマスター、ベルリン・フィル楽員、代役でステージに立った指揮者など多くの証言で綴るマエストロの素顔。生誕一〇〇年を迎え、稀代のスター指揮者と日本人の幸福な出会いを描く。

日経プレミアシリーズ013

おもろい会社研究

松室哲生

築地の人の流れを変えた二十四時間営業寿司店、ストレス解消に効く食材を開発するヒットメーカー、会社のマイナス面も取り上げる転職情報サイト、オランダの風力発電メーカーを買収した下関の不動産会社——。経済誌編集長として企業取材を重ねてきた著者がとっておき面白会社を紹介。

日経プレミアシリーズ014

ビジネスの「コトバ学」

則定隆男

「ペンティアム」と「アマゾン」に共通するイメージ戦略、「コカ・コーラ」や「コニカミノルタ」が放つ音の魅力……科学の方法論だけでは解明できない「売れるコトバ」の秘密を、国際ビジネスコミュニケーションの第一人者が、素朴な「なぜ」から解き明かす。

日経プレミアシリーズ016

世界金融危機　開いたパンドラ

滝田洋一

次々と炸裂する証券化商品の時限爆弾、暴風雨吹きすさぶ世界の株式市場、マーケットの悲鳴にようやく重い腰を上げた政府当局——。リーマン・ブラザーズ破綻を契機に、グローバル経済の「パンドラの箱」がついに開けられた。日米中ロの徹底取材で「100年に1度の事態」を緊急報告する。

日経プレミアシリーズ017

75歳のエベレスト

三浦雄一郎

生活習慣病を乗り越え、不整脈を抱えながらも七十代で二度のエベレスト登頂に成功。人類の冒険史を塗り替えてきた著者が語る、エベレストにかける情熱、アンチエイジング対策、冒険人生——。

日経プレミアシリーズ018

日本の課長の能力

梅島みよ

社員の能力をムダにしていないか——。人材評価の実態の表も裏も知り尽くした著者が、社員の秘められた能力をどう見つけ、どう活かしていくのかを豊富な具体例を紹介しながら解き明かす。グローバル化が進むビジネス社会で、勝ち残るのはどんな人材なのか？

日経プレミアシリーズ 019

食でつくる長寿力

家森幸男

豆腐をファストフードのように食する中国貴州省の村、発酵した牛の乳を二、三リットル摂るマサイ族、野菜や果物をたっぷり食べるエクアドルやグルジアの長寿の里――。世界二十五カ国六十一地域の食事事情を調査してきた「冒険病理学者」が、健康に長生きができる食事、食生活の秘訣を紹介。

日経プレミアシリーズ 020

「不正」は急に止まれない！

中島茂

「わが社は大丈夫！」が一番危ない！　産地偽装、異物混入、リコール隠し……不祥事につながるリスクの芽は思わぬところに存在する。消費者から見放され、社会を敵にまわした多くの事例から導き出した生きた教訓を、やさしいことわざふうにまとめた、本当に使えるリスク管理標語集。

日経プレミアシリーズ 021

政治をみる眼　24の経験則

芹川洋一

人間をみれば、政治がみえる。政治をみれば、人間がみえる――。長年の取材経験と理論研究をベースに、日本政治のゆくえを読み解く24の経験則。一読するだけで、別世界の住人のように思われた政治家が、身近な存在にみえてきて、ニュースが断然おもしろくなる。

日経プレミアシリーズ025

間違いだらけの経済政策

榊原英資

戦後最悪の世界不況が日本を襲う。グローバル化が進み、世界経済の構造が変化しても、旧来型の政策論議しかできない政府、エコノミスト、そして言論界。このままでは日本は衰亡する。未曾有の危機に何をすべきか。旧態依然とした経済政策の誤りを正し、戦略的資源政策など新時代に日本が進むべき道を明示する。

日経プレミアシリーズ026

ONにも青春時代があった

三浦巳一郎

昭和のスーパースターの青春秘話。旺盛な知識欲で読書にふける二人、記者のポンコツ車に「運転させて!」と大喜びの長島、「アベマリア」「マイウェイ」を原語で歌いこなす王……。日本が一番輝いていた時代の、ONの知られざる素顔が、今ここに。

日経プレミアシリーズ027

経営にカリスマはいらない

森一夫

果敢な決断で攻めの経営を続ける東芝、商船三井。長年の低迷から成長企業へと脱皮したニコン、日清紡。「写真消滅」の危機に直面しながらも業態転換に成功した富士フイルム。カリスマに頼らない全員参加型の経営で、屈託なくグローバル化の時代に打って出ようとしている新・優良企業十社を徹底リポート。

日経プレミアシリーズ029

会社は毎日つぶれている

西村英俊

会社経営は常在戦場、毎日毎日が非常時だ。どんなに斬新なビジネスモデルも少しずつ陳腐化し、トップの小さな油断は会社の膨大なリスクとなってはね返ってくる。六千億円もの不良資産を抱えた大手商社を再建した著者が語る、双日初代社長としての心構えと矜持。

日経プレミアシリーズ030

科学者たちの奇妙な日常

松下祥子

目指すはノーベル賞？　学会のドン？　それとも巨額の特許収入？――。若き女性博士ブロガーが、科学立国日本を支える研究者たちのリアルライフを紹介。論文執筆から、華やかな海外学会、博士の就職先、ポストドクターの悲哀、女性研究者のモテ度、子育て事情まで、科学者人生の喜怒哀楽を書きつくす。

日経プレミアシリーズ031

失敗に学ぶ　不動産の鉄則

幸田昌則

不動産不況の嵐が吹き荒れるいま、どう考え、どう行動すべきなのか。個人、デベロッパー、銀行が犯した失敗事例を分析し、「下がり始めの買い焦りは禁物」「公的価格にとらわれない」など、大切な財産・資産を守る法を具体的に紹介。買う人、売る人、貸す人、借りる人……必読の書。

日経プレミアシリーズ 032

ドイルとホームズを「探偵」する

河村幹夫

子供のころ熱中したシャーロック・ホームズの物語は、大人になって読み返してもおもしろい！　わが国きってのホームズ通の著者が、代表作の魅力と百年以上にわたり読み継がれている人気の秘密を余すところなく〝探偵〟する！

日経プレミアシリーズ 034

トップ営業マンを見習うな！

三宅壽雄

圧倒的な努力と頑張り、押しが強く、断られてもめげない、天性とも言えるセンス――。トップ営業マンのノウハウは決して万人のお手本にはなりません。普通の人は普通のやり方で行きましょう。数々の営業マンを指導してきた著者が、それぞれの営業マンにあった、自分を生かす営業力アップの秘訣教えます。

日経プレミアシリーズ 035

自然と国家と人間と

野口健

「氷河湖が決壊したら私たちは死ぬしかない！」「ゴミをいくら拾っても中国や韓国から延々と漂着する」「何が何でも戦死した日本兵のご遺骨を祖国に還す」――。アルピニスト野口健が現場で見た、聞いた、感じたこと。地球の異変、自然との共生、国家への思いを語りつくす。

日経プレミアシリーズ036

ものつくり敗戦

木村英紀

「ものつくり」こそお家芸、この路線さえ貫けば安泰という思いが強くなっている日本。しかし、システム思考を軽視し敗北した戦前の日本軍と同じ過ちを繰り返そうとしているのだ！　日本型「ものつくり」の限界を明らかにし、普遍性を追求せず、暗黙知ばかり重視する「匠の呪縛」の危険性を明らかにする警告の書。

日経プレミアシリーズ037

リスクをヘッジできない本当の理由

土方薫

金融工学はリスクを計算し上手にヘッジできる最先端の技術だったはず。それなのになぜ、くり返し危機が起こるのか。もう「想定外のことが起こった！」という言い訳に騙されてはいけない！　金融の専門家ほど見えなくなりがちなリスクの正体とは？　仮想マーケットを舞台に「市場の本性」を暴く。

日経プレミアシリーズ038

よく笑う人はなぜ健康なのか

伊藤一輔

「笑う門には福来る」って本当？　吉本興業のお笑いを見たらガン細胞を攻撃するNK細胞が動き出した。落語を聞いたら関節リウマチの炎症が和らいだ――。笑いの健康効果に着目するドクターが、数々の実験、臨床例を紹介しながら人の心と身体の謎に迫る。

日経プレミアシリーズ039

大人の傑作パズル120

キューパブリック編

ナンプレ100問を中心に、サムクロス、ロジック、アルコネ、ビルディングパズル……。バラエティに富んだ良問にあなたも挑戦してみませんか。初めてのパズルも丁寧な解説で安心。極上の解き心地を堪能してください。

日経プレミアシリーズ040

「理工系離れ」が経済力を奪う

今野浩

技術力があれば日本（経済）は生き残ることができる。その逆もまた真である。そのことに異を唱える人は少ないだろう。では、それを支えるエンジニアの存在は正当に評価されてきただろうか？（金融）経済学の勃興と理工学の地位低下の現実から、我々が直面する問題の本質を描く。

日経プレミアシリーズ041

ねじれ脳の行動経済学

古川雅一

なぜかお金が貯まらない、宝くじや競馬で散財する、デートも接待もうまくいかない、自分の意見が受け入れられない……。誰もが体験する「身近な悩み」の背景に、どんなメカニズムが働くのか。気鋭の研究者がとことん平易に読み解く。

日経プレミアシリーズ042

頭が柔らかくなる算数

坪田耕三・守屋義彦・中村享史・高橋昭彦

あなたは算数界の四天王に勝てるか？「電卓の『5』と『＋－×÷』を使って答えを17にするとき、最少で何回キーを押せばいい？」「A4の紙を縦に丸めて作った筒と、横に丸めて作った筒では、どちらにたくさんポップコーンが入る？」――。発想力やひらめきを養う良問の数々。さぁ、ペンを手にとって挑戦してください。

日経プレミアシリーズ043

にっぽん町工場遺産

小林泰彦

ものづくり日本は健在なり。大地から切り出す七輪、ガード下で作られるハンドメイド自転車、痛くない注射針、世界の女性のヘアスタイルを変えた梳きバサミ、人に優しい竹製の車椅子まで、数々の名品・傑作が今日もどこかで作られ続けている。イラスト・ルポの第一人者が、全国の町工場を訪ね歩く。

日経プレミアシリーズ044

初心者は株を買うな！

内藤忍

預金をコツコツやっても生活は守れない。でも、投資はわからないし何だか怖い――。個人投資家に人気の資産運用のプロが、自身も実践するお金の殖やし方をわかりやすく伝授します。国も会社も当てにできない時代、将来のお金の不安解消に必要な金融知識が身につきます。

日経プレミアシリーズ046

リンゴが教えてくれたこと

木村秋則

自然には何一つ無駄なものはない。私は自然が喜ぶようにお世話をしているだけです――。絶対不可能と言われたリンゴの無農薬・無肥料栽培を成功させ、一躍時の人になった農業家が、「奇跡のリンゴ」が実るまでの苦難、独自の自然観、コメや野菜への展開を語るとともに、農薬と肥料に依存する農のあり方に警鐘を鳴らす。

日経プレミアシリーズ047

普通のサラリーマンが2年でシングルになるための18の練習法

山口信吾

57歳、170センチ、53キロ――。お金もなければ時間もない、そんな普通のサラリーマンが2年でシングルになった超効率的な練習法とは？　帰宅してから30分でできる筋トレやストレッチ、練習場を徹底活用したアプローチ上達法、スコアがみるみる縮まるラウンド術――など、誰にでもできるスコアアップの秘訣を紹介する。

日経プレミアシリーズ048

ピタゴラス流経営術

加藤廣

数字は真理を語り、言葉は嘘をつく――。業績数値と、その予測に基づいた毎月一度の会議が、会社を劇的に強くする。経営コンサルタントとして経験を積んだ大ヒット小説家が、独自の歴史観に基づく政治経済批評を交えつつ語る超異色のビジネス書。

日経プレミアシリーズ 049

ダメ上司論

山田咲道

赤字会社の独特の文化とは？　なぜ優秀な社員がやる気を失うのか……。働きづらい職場の陰にダメ上司あり。多くの現場を観察した会計士が、身近にいるマネジャーの間違った行動を正し、正しい「管理」によってもうかる組織の論理をわかりやすく説く。

日経プレミアシリーズ 051

日本の「医療」を治療する！

武井義雄

医者を尊敬しない患者。タクシー代わりに使われる救急車。内科か外科かわからない看板を掲げる開業医。間違った情報で「崩壊の危機」を煽るマスコミ。現場無視の安直な行政の対応——医療の不具合の原因は、関係者すべてのモラルにある。病巣に鋭くメスを入れ、医療再生への処方箋を示す。

日経プレミアシリーズ 052

父親次第

高木豊

時代遅れと言われたって、男の子は男らしく！　強い子の第一歩はいい靴から、プレッシャーを「おいしい」と思わせる、できない宿題は「できない」と言わせる、自分で考えさせる、親の体験談は最高の贈り物……。いま三人の息子がサッカー界で注目を集める、元プロ野球選手の骨太でユニークな子育て論。

日経プレミアシリーズ 053

日本の近代遺産

近代遺産選出委員会編

明治・大正・昭和の先人は国家の基礎づくりにどんな夢をもち、どれほど奮闘したのか。北は北海道網走市から南は沖縄県南大東島まで五十の建造物をカラー写真とともに紹介しながら、近代日本の発展に寄与した人々の足跡をたどる。

日経プレミアシリーズ 054

会社が嫌いになったら読む本

楠木新

この会社で働き続けていいのか――。自ら「うつ状態」で休職を経験した著者が、「こころの定年」を克服した二百人へのインタビューから見つけたこと。組織に支配された他律的な人生を、ゆっくりと自分のもとに取り返すヒント。

日経プレミアシリーズ 055

組織で使える論理思考力

飯久保廣嗣

組織の論理と個人の論理にどう折り合いをつけるのか。数々の企業を指導した著者が、「直線的な論理思考」を超え、真に役立つ「頭の使い方」を伝授。意思決定のコストを削減する具体的な方策を、豊富な事例をもとに解説する。